Vivaldi / *La Gloria e Imeneo*

EDIZIONE CRITICA DELLE OPERE DI
CRITICAL EDITION OF THE WORKS OF

ANTONIO VIVALDI

FONDAZIONE GIORGIO CINI
ISTITUTO ITALIANO ANTONIO VIVALDI

ANTONIO VIVALDI

La Gloria e Imeneo

RV 687

<table>
<tr><td>Riduzione per canto e pianoforte
condotta sull'edizione critica
della partitura a cura di</td><td>Reduction for voice and piano
based on the critical edition
of the orchestral score by</td></tr>
</table>

Alessandro Borin

RICORDI

Riduzione e realizzazione del basso continuo, nei recitativi, a cura di Antonio Frigé.
Voice-piano reduction and continuo realisation of recitatives by Antonio Frigé.

Traduzione in lingua inglese di – English translation by Michael Talbot

Copyright © 2016 Casa Ricordi Srl
via Crespi, 19 – area Mac4 – 20159 Milano (MI)

CP 141380
ISBN 978-88-8192-013-6
ISMN 979-0-041-41380-8

INDICE / CONTENTS

Prefazione generale   VII
General Preface   X

Introduzione   XIII
Introduction   XXIII

Il testo / The Text   XXXIII

Organico / Instruments   XXXVI
Personaggi / Characters   XXXVI

Indice dei brani / Index to Individual Movements   XXXVII

La Gloria e Imeneo, RV 687   1

Apparato critico   44
Critical Commentary   47

PREFAZIONE GENERALE

L'*Edizione critica* delle opere di Antonio Vivaldi si propone di pubblicare le partiture delle tre serenate e di tutti i *drammi per musica*, nonché di tutte le sonate, i concerti e le sinfonie, a partire dalle composizioni contenute all'interno delle raccolte a stampa edite vivente l'autore (con o senza numero d'*opus*); ciascun volume, oltre alle opere autentiche trasmesse attraverso una determinata raccolta a stampa, comprende tutte le più significative varianti della tradizione manoscritta. Le composizioni strumentali testimoniate esclusivamente in forma manoscritta sono invece pubblicate in fascicoli singoli o per gruppi equieterogenei (ad esempio, sulla base dell'organico, del destinatario, della locazione delle fonti, ecc.).

I criteri che guidano l'*Edizione critica* sono analiticamente esposti nelle *Nuove norme editoriali* redatte a cura del Comitato editoriale dell'Istituto Italiano Antonio Vivaldi.[1] Se ne offre qui un estratto che descrive, nei termini indispensabili alla comprensione della partitura, la tecnica editoriale adottata.

L'edizione si propone di presentare il testo così come è ricostruibile sulla base della critica delle fonti, alla luce della prassi notazionale contemporanea e delle coeve convenzioni esecutive.

La tecnica di edizione adottata per singole opere o per gruppi di opere è illustrata nell'*Introduzione*, che contiene:

1. Una trattazione dell'origine e delle caratteristiche generali della composizione (o delle composizioni).
2. Un elenco delle fonti (comprese le fonti letterarie, quando rivestono particolare importanza).
3. Una descrizione analitica di tutte le fonti che il curatore ha collazionato o consultato, comprese le più importanti edizioni moderne.
4. Una relazione e una spiegazione relative alle scelte testuali derivanti dallo stato delle fonti e delle loro reciproche relazioni e alle soluzioni adottate per composizioni particolarmente problematiche, non previste nella *Prefazione generale*. In particolare, viene specificato quale fonte è usata come fonte principale dell'edizione, quale (o quali) sono state collazionate, consultate o semplicemente elencate.
5. Una discussione sulla prassi esecutiva relativa alle composizioni edite.

Un *Apparato critico*, dedicato alla lezione originale e alla sua interpretazione, contiene la registrazione di tutte le varianti rispetto alla fonte principale e alle fonti collazionate.

Ogni intervento del curatore sul testo che vada al di là della semplice traslitterazione della notazione antica o che non corrisponda a un preciso sistema di conversione grafica qui segnalato, viene menzionato nell'*Apparato critico* o evidenziato attraverso l'uso di specifici segni:

1. Parentesi quadre (per indicazioni espressive o esecutive mancanti nelle fonti e aggiunte per assimilazione orizzontale o verticale; per correzioni e aggiunte del curatore laddove nessuna delle fonti fornisce, a suo giudizio, un testo corretto; per l'indicazione del testo letterario incompleto o carente sotto la linea o le linee del canto).
2. Linee tratteggiate (per legature di articolazione o di valore aggiunte dal curatore).
3. Semiparentesi quadre (per il testo musicale o letterario derivato in modo esplicito – mediante abbreviazione – o implicito da un altro rigo).

Non vengono di norma segnalati nell'edizione gli interventi del curatore nei casi seguenti:

1. Quando viene aggiunta una legatura fra l'appoggiatura e la nota principale. Questa regola vale anche nel caso di gruppi di note con funzione di appoggiatura.

---

[1] «Studi vivaldiani», 9, 2009, pp. 91-103.

2. Quando segni di articolazione (per esempio, punti di staccato) sono aggiunti a una serie di segni simili per assimilazione, sulla base di inequivocabili indicazioni della fonte.

3. Quando la punteggiatura viene corretta, normalizzata o modernizzata; lo stesso vale per l'ortografia e l'uso delle maiuscole.

4. Quando abbreviazioni comunemente usate vengono sciolte.

5. Quando pause di un'intera battuta mancanti nella fonte vengono aggiunte, non sussistendo alcun dubbio che una parte del testo musicale sia stata inavvertitamente omessa.

6. Quando vengono introdotti dal curatore segni ritmici indicanti modalità di esecuzione.

L'ordine delle parti strumentali nella partitura segue la prassi editoriale moderna.

La notazione trasposta dell'originale (per il violone, il flautino, il corno) viene mantenuta nell'edizione; nell'*Apparato critico* viene specificato l'intervallo di trasposizione dei singoli strumenti (con l'eccezione del violone). Le parti in notazione di «bassetto» (violini, viole, clarinetti, chalumeaux ecc.) sono trascritte nelle chiavi di violino e di contralto, nell'ottava appropriata.

Nell'*Apparato critico*, l'altezza dei suoni viene così citata:

Pertanto, la traslitterazione nella notazione moderna comporta l'automatica aggiunta di certe alterazioni e la soppressione di altre. Inflessioni cromatiche non esplicite nella notazione della fonte originale, ma aggiunte dal curatore, sono segnalate, quando è possibile, nella partitura, ponendo fra parentesi quadre l'alterazione o le alterazioni introdotte. Se la stessa alterazione è presente nell'armatura di chiave, ovvero appare precedentemente nella stessa battuta, mantenendo dunque, secondo le convenzioni moderne, la propria validità, l'intervento del curatore viene segnalato nell'*Apparato critico*, dove viene offerta la lezione originale. Quando si fa riferimento a note della fonte che, anche se interessate da un'inflessione cromatica, non sono precedute da alcuna alterazione (generalmente perché l'inflessione è prescritta dall'armatura di chiave), la parola o il simbolo per l'inflessione sono racchiusi tra parentesi quadre.

Il rigo del basso, che spesso si riferisce non solo agli strumenti del continuo, ma a tutti gli strumenti gravi dell'orchestra, è fornito di tutte le numeriche del basso esistenti nell'originale, stampate sotto di esso. Queste numeriche possono essere, se necessario, corrette dal curatore. Le alterazioni sono apposte davanti alle numeriche cui si riferiscono e i tratti trasversali indicanti l'alterazione cromatica di una nota sono sostituiti dal diesis o dal bequadro

Sono mantenute le armature di chiave originarie. L'edizione usa le seguenti chiavi: per le parti strumentali, le chiavi di violino, di contralto e di basso secondo l'uso moderno; per le parti vocali, la chiave di violino, la chiave di violino tenorizzata e la chiave di basso. Le chiavi originali o i cambiamenti di chiave sono registrati nell'*Apparato critico*.

Per quanto concerne il trattamento delle alterazioni, le fonti settecentesche della musica di Vivaldi seguono l'antica convenzione secondo la quale le inflessioni cromatiche mantengono la loro validità solamente per il tempo in cui la nota alla quale è premessa l'alterazione è ripetuta senza essere interrotta da altri valori melodici, indipendentemente dalla presenza o meno della stanghetta di battuta.

corrispondenti. L'abbassamento di un semitono di una cifra del basso precedentemente diesizzata è sempre indicata col segno di bequadro, anche se le fonti, talvolta, usano per lo stesso scopo il segno di bemolle. Le indicazioni «Solo» e «Tutti» nel basso, sempre in parentesi quadre se aggiunte dal curatore, implicano dei cambiamenti nella strumentazione della linea del basso, descritti più analiticamente nell'*Apparato critico*. Particolari figurazioni ritmiche nella linea del basso non devono necessariamente essere eseguite da tutti gli strumenti del continuo: così, veloci disegni in scala possono essere affidati ai soli strumenti ad arco; a sua volta il clavicembalo può suddividere in valori più brevi lunghe note tenute dal basso, dove questo si addica alla generale struttura ritmica del brano. Una realizzazione del basso continuo per strumento a tastiera viene fornita in un fascicolo stampato a parte.

Quando la ripetizione del *Da Capo* non è scritta per esteso (come avviene perlopiù nelle composizioni vocali), la prima sezione deve essere ripetuta dall'inizio o dal segno, sino alla cadenza della tonalità fondamentale, contrassegnata generalmente da una corona, o sino al segno. Nelle arie e in composizioni vocali simili, il *Da Capo* deve essere eseguito dal solista (o dai solisti) con nuovi abbellimenti, in armonia con il carattere ritmico e melodico del brano.

Nei recitativi, le appoggiature per la parte di canto non vengono indicate una per una nel testo dell'edizione; pertanto il cantante deve compiere sempre una scelta giudiziosa in riferimento a dove introdurle. Di norma sono richieste in tutte le formule cadenzali con un intervallo discendente prima dell'ultima sillaba accentata di una frase; se l'intervallo è una seconda o una terza maggiore o minore, la sillaba accentata è cantata un tono o un semitono sopra (secondo l'accordo sottostante) rispetto alla nota successiva; se l'intervallo è più ampio di una terza, la sillaba accentata è intonata alla stessa altezza della nota precedente. Questo vale sia che il basso abbia o non abbia una cadenza, sia che la nota dell'appoggiatura sia consonante o meno col basso. Talvolta si possono introdurre appoggiature anche all'interno di una frase, per enfatizzare certe parole, anche quando l'ultima sillaba accentata è raggiunta partendo da una nota inferiore. Ma anche in questo caso, la nota dell'appoggiatura deve essere più alta rispetto alla nota successiva; appoggiature ascendenti possono essere consigliabili in frasi che terminano con un punto di domanda o che richiedono una particolare espressività. Nei recitativi, quando non altrimenti indicato, tutte le note del basso e gli accordi corrispondenti devono essere eseguiti come «attacchi» di breve durata; questo, in particolare, nella musica vocale profana. Devono essere tenuti solo gli accordi alla fine di un recitativo, segnalati da una corona. Nei recitativi di composizioni profane non è consigliabile ritardare troppo gli accordi in corrispondenza delle cadenze. Le «cadenze posposte», nelle quali la nota del basso entra dopo che la voce ha smesso di cantare, sono suggerite nell'edizione solo per conclusioni cadenzali particolarmente importanti, mediante l'inserzione di una virgola tra parentesi sopra il rigo del basso. Dopo una cadenza, nel corso di un recitativo, si dovrebbe evitare un ritardo nell'attacco della frase successiva, a meno che una virgola tra parentesi non lo richieda espressamente.

Gli abbellimenti vocali e strumentali diversi da quelli da impiegarsi nel *Da Capo* e nei recitativi sono aggiunti dal curatore (fra parentesi quadre) se assenti nella fonte, nei punti in cui sono di norma richiesti dalle convenzioni esecutive dell'epoca di Vivaldi. Se la fonte indica o sottintende una cadenza, questo verrà specificato nell'*Apparato critico*, ma di norma non ne verrà offerta una realizzazione. Nelle arie con *Da Capo* è solitamente richiesta una cadenza almeno alla fine dell'ultima sezione, e spesso anche alla fine della seconda (quella centrale); ciò non verrà specificato caso per caso nell'*Apparato critico*, salvo laddove occorra chiarire l'esatta posizione della cadenza stessa.

GENERAL PREFACE

The *Critical Edition* of the works of Antonio Vivaldi has set itself the task of publishing the scores of the three serenatas, all the operas, and all the sonatas, concertos and sinfonias, starting with the works contained in the published collections (with or without opus number) that appeared during his lifetime. Each volume includes, in addition to the authentic works within a given published collection, the most significant variants of the manuscript tradition. However, instrumental works preserved only in manuscript sources are published individually or in groups of similar works (linked by scoring, destination, source location etc.).

The guiding principles behind the *Critical Edition* are set out in detail in the *New Editorial Norms* prepared by the Editorial Committee of the Istituto Italiano Antonio Vivaldi.[1] We give below a summary that describes, in terms essential to the understanding of the score, the editorial principles adopted.

The edition aims at maximum fidelity to the composer's intentions as ascertained from the sources in the light of the contemporary notational and performance practice.

The editorial method employed for single work or groups of works is described in the *Introduction*, which contains:

1. A statement of the origin and general characteristics of the composition (or compositions).
2. A list of the sources (including the literary sources, when these are of particular importance).
3. An analytical description of all the sources that the editor has collated or consulted, including the most important modern editions.
4. An account and explanation of decisions about the text arising from the state of the sources and their interrelationship, and of the solutions adopted for particularly problematic compositions, unless these are already covered in the *General Preface*. In particular, it will be made clear which sources has been used as the main source of the edition, and which other (or others) have been collated, consulted or merely listed.
5. A discussion of performance practice in relation to the compositions published.

A *Critical Commentary*, concerned with original readings and their interpretation, lists all variations existing between the main source and the collated sources.

All instances of editorial intervention which go beyond simple transliteration of the old notation or which do not conform to a precise system of graphical conversion described below will be mentioned in the *Critical Commentary* or shown by special signs:

1. Square brackets (for marks of expression or directions to the performer absent in the sources or added through horizontal or vertical assimilation; for editorial corrections and additions in cases where none of the sources, in the editor's judgement, provides a correct text; for indicating that a literary text underlaid to the notes of a vocal part is incomplete or otherwise deficient).
2. Broken lines (for slurs and ties added editorially).
3. Square half-brackets (for musical or literary text derived explicitly—by means of an abbreviation—or implicitly from another stave).

Normally, the editor will intervene tacitly in the following cases:

1. When a slur linking an appoggiatura to the main note is added. This applies also to groups of notes functioning as appoggiaturas.

---

[1] "Studi vivaldiani", 9, 2009, pp. 91–103.

2. When marks of articulation (e.g. staccato dots) are added to a series of similar marks by assimilation and the source leaves no doubt that this is intended.

3. When punctuation is corrected, normalized or modernized; the same applies to spelling and capitalization.

4. When commonly used abbreviations are resolved.

5. When whole-bar rests absent in the source are added, there being no reason to think that a portion of musical text has inadvertently been omitted.

6. When editorial rhythmic signs indicating a manner of performance are added.

The order of the instrumental parts in the score follows modern publishing practice.

Transposing notation in the original (for violone, flautino, horn) is retained in the edition; in the *Critical Commentary* the interval of transposition of individual instruments (violone excepted) is specified. Parts in "bassetto" notation (violins, violas, clarinets, chalumeaux, etc.) are written out in the appropriate octave, using treble or alto clefs.

In the *Critical Commentary*, the pitches are cited according to the following system:

square brackets. If the same accidental is present in the key signature, the editorial intervention is recorded in the *Critical Commentary*, where the original reading is given. When reference is made to notes in the source that, even though chromatically inflected, are not prefixed by an accidental (generally because the inflection follows from the key signature), the word or symbol representing the inflection enclosed in square brackets.

The stave for the bass, which is often not only for the continuo instruments but also for all the deep instruments of the orchestra, retains all the bass figures present in the original, which are printed below it. Where necessary, these figures may be corrected by the editor. Accidentals precede the figures to which they refer, and cross-strokes indicating the chromatic inflection of a note are replaced by the equivalent sharp or natural. The lowering by a semitone of a previously sharpened bass figure is always indicated with the natural sign, although the sources sometimes use the flat sign synonymously. The directions "Solo" and "Tutti" in the bass, always in small print if editorial, call for changes in the instrumentation of the bass line, which are described more fully in the *Critical Commentary*. Particular rhythmic figurations in the bass

The original key signatures are retained. The edition employs the following clefs: for instrumental parts, treble, alto, tenor and bass clefs following modern usage; for vocal parts, treble, "tenor G" and bass clefs. Original clefs and clef changes are recorded in the *Critical Commentary*.

As regards the treatment of accidentals, the eighteenth-century sources of Vivaldi's music adhere to the old convention whereby chromatic inflections retain their validity for only so long as the note to which an accidental has been prefixed is repeated without interruption, irrespective of barlines. Conversion to modern notation thus entails the tacit addition of some accidentals and the suppression of others. Chromatic inflections not made explicit in the notation of the original source, but supplied editorially, are shown where possible in the score, the one or more accidentals entailed being enclosed in

line are not necessarily meant to be performed by all the continuo instruments: thus, rapid scales may be left to the stringed bass instruments, while the harpsichord may split sustained bass notes into shorter values, where this conforms to the general rhythm of the piece. A realization of the basso continuo for keyboard is supplied separately.

Where the *Da Capo* repeat is not written out (mostly in vocal movements), the first section has to be repeated, from the beginning or from the sign, up to the tonic cadence at the end of this section, which is usually marked by a fermata, or up to the sign. In arias and similar vocal movements, the *Da Capo* repeat should be performed by the soloist(s) with new embellishments in accordance with the rhythmic and melodic character of the piece.

In recitatives, the appoggiaturas for the singer are not indicated individually in the text of the edition;

therefore the singer must always choose judiciously where to introduce them. They are normally expected in all cadential formulas where there is a falling interval before the last accented syllable of a phrase; if this interval is a minor or major second or a major or minor third, the accented syllable is sung a tone or semitone higher (according to the harmony); if the interval is larger than a third, the accented syllable is sung at the same pitch as the preceding note. This is valid whether or not the bass actually cadences at that point, and whether or not the appoggiatura is consonant or dissonant with the bass. Occasionally, appoggiaturas can also be sung within a phrase, to lend emphasis to certain words—even when the last accented syllable is approached from below. But here, too, the appoggiatura should lie above the note following it; rising appoggiaturas may be appropriate in phrases ending with a question mark or where special expressiveness is required. In recitatives, unless otherwise indicated, all the bass notes and the chords above them should be performed with short "attacks", especially in secular vocal music. Sustained chords are limited to those at the end of a recitative marked by a fermata. In the recitatives of secular compositions it is not advisable to delay the arrival of the cadential chords. "Postponed" cadences, in which the bass note enters after the voice has finished singing, are recommended in the edition only for particularly important final cadences, and are shown by the insertion of a bracketed comma above the bass stave. After an intermediate cadence during a recitative there should be no pause before proceeding to the next phrase unless a bracketed comma indicates this specifically.

Vocal and instrumental embellishments other than those in *Da Capo* repeats and in recitatives are supplied editorially (in square brackets) if absent from the source in places where they are normally required by the performing conventions of Vivaldi's age. If the source indicates or implies a cadenza, this will be pointed out in the *Critical Commentary*, but normally no specimen of one will be supplied. In *Da Capo* arias cadenzas are usually expected at least at the end of the last section, and often also at the end of the second (middle) section; this will not be specified in the *Critical Commentary* for individual instances, except where necessary to clarify the exact position of the cadenza.

INTRODUZIONE

Nota in letteratura col titolo di «La Gloria [e] Himeneo», ricavato dalla didascalia anteposta al suo recitativo iniziale, oppure attraverso l'*incipit* del testo poetico, «Dall'eccelsa mia reggia», la Serenata RV 687 appartiene al gruppo delle cosiddette 'serenate francesi' di Antonio Vivaldi.[1] Si tratta di un insieme di lavori – di cui fanno parte anche la *Serenata a 3*, RV 690, *La Senna festeggiante*, RV 693, e *L'unione della Pace e di Marte*, RV 694 – composti ed eseguiti fra la metà degli anni Dieci e la metà degli anni Venti del XVIII secolo per celebrare fatti e ricorrenze di stretta attualità, inerenti il Regno di Francia e i suoi rappresentanti diplomatici residenti in Italia.[2] Grazie a una singolare e fortuita coincidenza, possediamo ben due resoconti – uno in italiano e l'altro in francese – che ci permettono di stabilire con esattezza il luogo e la data della prima (e a quanto pare unica) esecuzione di RV 687.[3] La serenata, infatti, fu commissionata a Vivaldi dall'ambasciatore francese a Venezia, Jacques-Vincent Languet, *Comte de* Gergy, in occasione delle nozze di Luigi XV con la principessa polacca Maria Leszczyńska e fu eseguita durante una festa organizzata nel giardino dell'ambasciata la sera del 12 settembre 1725.[4]

La prima descrizione dell'evento è allegata a una lettera che l'ambasciatore Gergy inviò al suo corrispondente a Roma, il cardinale Filippo Antonio Gualterio, il 15 settembre 1725. Il rapporto epistolare con Languet, durato quasi un ventennio, datava dai tempi in cui quest'ultimo risiedeva a Firenze come inviato speciale della corona francese presso la corte medicea. Il testo del resoconto, redatto nello stile ampolloso del tempo, ricostruisce con dovizia di particolari il contesto della festa in cui fu eseguita la serenata vivaldiana:[5]

Relatione della Solene fontione fatta da S[ua] E[ccellenza] Ambasciatore di Francia in occasione del maritaggio di S[ua] M[aestà] Cristianissima li 12 sette[m]bre 1725

Del giorno delli 12 sette[m]bre sud[dett]o fù veduto il Sontuosissimo Palaggio di S[ua] E[ccellenza] il Sig[n]or C[onte] di Giergij Ambasciatore di S[ua] M[aestà] Cristianissima, aperto alla curiosità, et amiratione di tutta la Nobiltà Veneta, e Forestiera, venendo quella habilitata per simile occasione, con il solito commodo delle Maschere, mentre altrimente non vi sarebbe potuta concorrere[.]

Molti furono li Sogetti, che avrebbero il splendore della Festa, e Serenata, ch'in esso questo Ecc[ellentissi]mo Ambasci[atore] fece godere, et erano Monsig[no]r Nonzio, S[ue] E[ccellenze] Ambasciatore, et Ambasciatrice di S[ua] M[aestà] Cesarea, il Sig[no]r Ricevitor di Malta, e moltissimi riguardevoli Personaggi. Fù in vero un piacevolissimo, e splendidissimo vedere, il sontuoso giardino, quale essendo per se stesso suficiente d'introdure la meraviglia con la varietà de fiori, che per diversi viali disposti pompegiavano, era illuminato da quantità tale di fiaccole, che si potea francamente dire, che la Notte per solennizare l'Imeneo d'un Rè il più grande, e il più potente del Mondo, havesse presi ad imprestito li raggi più rilucenti del Sole; Venia per le vie più accrescere

---

[1] MICHAEL TALBOT, *Vivaldi's Serenatas: Long Cantatas or Short Operas?*, in *Antonio Vivaldi. Teatro musicale, cultura e società*, a cura di Lorenzo Bianconi e Giovanni Morelli («Quaderni vivaldiani», 2), Firenze, Olschki, 1982, pp. 67-96, ristampato mantenendo l'impaginazione originale in ID., *Vivaldi* («The Baroque Composers»), Farnham, Ashgate, 2010, e ID., *The Serenata in Eighteenth-Century Venice*, «Royal Musical Association Research Chronicle», 18, 1992, pp. 1-50; MICHAEL TALBOT – PAUL EVERETT, *Homage to a French King: Two Serenatas by Vivaldi (Venice, 1725 and ca. 1726)*, in ANTONIO VIVALDI, *Due Serenate* («Drammaturgia musicale veneta», 15), Milano, Ricordi, 1995, pp. IX-LXXXVII.

[2] ROBERT KINTZEL, *Vivaldi's Serenatas Revisited, I. The «French Serenatas» of 1725-1727*: Gloria e Himeneo, La Senna festeggiante *and* L'unione della Pace e di Marte, «Studi vivaldiani», 9, 2009, pp. 33-79.

[3] Il testo di entrambi i resoconti è stato trascritto e commentato in TALBOT – EVERETT, *Homage to a French King*, cit., pp. LXVII-LXVIII.

[4] MICHAEL TALBOT, *Vivaldi and a French Ambassador*, «Informazioni e studi vivaldiani», 2, 1981, pp. 31-43.

[5] *GB-Lbl*, Add. Ms. 20,346, c. 70*r*.

la pompa, et il diletto questa illuminazione formare nel fine del Giardino, sopra una loggia, che riguarda il Mare, con nobile maestria, e geroglifico l'arma di Francia, quale venia con quel Splendore à far conoscere, non solo per chi fosse quella magnifica fontione, ma quanto fosse anche quello glorioso.

Sarebbe impossibile il volere descrivere punto, per punto la moltitudine, e la qualità degl'adobbi, de quali pompeggiavano ricamente vestite le pareti del Superbo Palaggio; basta solo il dire (e da questo si può venire in cognitione del rimanente) che la stanza in cui era sotto richissimo baldachino posto il ritratto di S[ua] M[aestà] Cristianiss[im]a era adobbata d'arazi tanto pretiosi, per la qualità della materia, e tanto amirabili per l'imparigibilità del Opra, che si potea dire, che la mano che fece si bel lavoro fosse stata la mano della Natura, non la destra d'un Artefice.

Una Galeria de Quadri con cornizie di sopranino intaglio, dorate, e tutte simili, che in altra stanza era esposta, francamente si fece credere per l'anima della Pittura; mentre niente di più bello non si potea imaginare, non che vedere. La quantità delle Torcie, e d'altri lumi, che in ogni angolo, e parte di questo vasto palaggio erano splendidamente disposte faceano un tal Splendore, che abbastanza splendido confessavano chi d'esso vi era il Padrone. Nella Sala maggiore dove era destinata una belissima danza, ci era un palcho, sopra il quale vi sedeano moltissimi Suonatori, che per essere de più scelti, con le loro armonioze sonate faceano mover i cuori, non che i piedi di chi danzavano, et ascoltavano.[6]

Probabilmente Vivaldi non ebbe parte nella composizione delle musiche da ballo menzionate nella prima parte del resoconto, mentre il suo nome è espressamente citato nel passaggio successivo, interamente dedicato alla descrizione della serenata:

La Serenata, che non fù ch'una musicale compositione, in lode e buon auggurio del Maritaggio di S[ua] M[aestà] Cristianissima si recitò nelle stanze della loggia posta in termine del Giardino, fù composta dal Sig[n]or Vivaldi, e recitata da bravissimi Musici, e Cantatrici, quali con la soavità della loro voce, quali novelli Orfei trassero [a] sé numero infinito di gondole, quale nascondea il mare istesso agl'occhij de' riguardanti.[7]

Le stesse informazioni sono riportate, in forma molto più asciutta, in due distinti dispacci redatti dagli inquisitori veneziani, Girolamo Alvisi e Pietro Donado, rispettivamente il 15 e il 18 settembre 1725.[8] Nell'ottobre dello stesso anno, anche il «Mercure de France» pubblicò un resoconto della festa, accompagnandolo con un giudizio sull'autore della musica così lusinghiero da essere spesso citato per testimoniare la reputazione internazionale di cui godeva all'epoca Vivaldi:

Il y eut à la suite du bal une serenade, dont les paroles convenables au sujet, furent fort applaudies, la Musique étoit de sieur Vivaldi, le plus habile compositeur qui soit à Venise.[9]

Poiché entrambe le relazioni sono note da tempo agli studiosi, non è il caso di analizzarle nei dettagli. Invece, vale la pena soffermarsi sulla figura del committente della serenata, il già citato Languet.[10] Secondogenito di Denis Languet e Marie Robelin, Jacques-Vincent Languet fu battezzato il 29 aprile 1667. La sua carriera diplomatica, iniziata come «Gentilhomme ordinaire de la Chambre du Roi», proseguì con la nomina a inviato straordinario del sovrano francese presso i duchi Eberardo Ludovico di Württemberg (1697), Ferdinando Carlo Gonzaga di Mantova e Francesco Farnese di Parma (1702 e 1704). Nell'aprile del 1706, Luigi XIV elevò le *terres de Gergy* alla dignità di contea e nel luglio del 1709 Languet si trasferì, sempre come inviato speciale del re, nel Granducato di Toscana. Egli prese formalmente possesso della carica il primo ottobre 1710, mantenendola fino al gennaio del 1715, quando si trasferì a Ratisbona, in qualità di ministro plenipotenziario del sovrano. Il 21 ottobre dello stesso anno sposò per contratto Anne Henry, figlia di Jean Baptiste Henry, tesoriere generale delle galere di Francia. L'apice della sua carriera diplomatica coincise con la nomina ad ambasciatore presso la Serenissima Repubblica di Venezia. Languet giunse in città il 5 dicembre 1723 e vi fece il suo ingresso

6 *Ibid.*, c. 71r-v.
7 *Ibid.*, c. 71v.

8 *I-Vas*, Inquisitori di Stato, Busta 709, *Avvisi*.
9 «Mercure de France», ottobre 1725, pp. 1417-1418.
10 Sulla vita e la carriera di Languet si vedano «Mercure de France», novembre 1734, pp. 2536-2537; LOUIS-PIERRE D'HOZIER, *Armorial Général, ou Registres de la Noblesse de France*, II (parte seconda), Parigi, Prault Père, 1742, pp. 675-676; FRANÇOIS-ALEXANDRE AUBERT DE LA CHESNAYE DES BOIS, *Dictionnaire de la Noblesse*, vol. 8, Parigi, Antoine Boudet, 1774, p. 457.

pubblico il 4 novembre 1726. Nel 1731, Luigi XV gli concesse di rientrare in Francia per motivi di salute, sollevandolo definitivamente dal suo incarico il 3 gennaio 1733 e assegnandogli una pensione di mille lire per i «trente-cinq années de bons & agréables services rendus tant à Sa Majesté qu'au feu Roi son prédécesseur».[11] Morì il 17 novembre 1734, a sessantotto anni di età.

I suoi legami con Vivaldi risalgono all'epoca in cui il diplomatico francese risiedette a Venezia presso il *Palais de France*, nel sestiere di Cannaregio. Per lui Vivaldi compose anche la serenata a tre voci *L'unione della Pace e di Marte*, RV 694, e il *Te Deum*, RV 622, entrambi perduti, eseguiti rispettivamente nel giardino dell'ambasciata e nella chiesa della Madonna dell'Orto il 19 settembre 1727, per festeggiare la nascita delle due figlie gemelle di Luigi XV e Maria Leszczyńska. Non vi sono, invece, elementi in grado di collegare con certezza a Languet la commissione dei dodici 'concerti ripieni' senza solista, di gusto francesizzante, copiati dal padre del compositore, Giovanni Battista Vivaldi, e oggi custoditi presso la Bibliothèque Nationale di Parigi. È invece probabile che anche le altre due serenate vivaldiane giunte fino a noi siano legate a Languet e ai suoi incarichi diplomatici in Italia: *La Senna festeggiante* e la *Serenata a 3*.

La frammentarietà del quadro bio-bibliografico appena delineato non ci permette, dunque, di documentare l'esistenza di un rapporto fra Languet e Vivaldi antecedente la commissione della Serenata RV 687. Essa rielabora, modificandolo, il *topos* della 'contesa', vale a dire uno dei modelli più sfruttati in questo particolare genere poetico-musicale.[12] Imeneo, il dio greco figlio di Apollo, e la personificazione allegorica della Gloria fanno a gara per decantare le virtù della coppia di sposi omaggiati nella serenata, amplificando, piuttosto che contraddicendo, l'uno le affermazioni dell'altro. Nei primi due recitativi, essi esordiscono presentando, ognuno con una elegante perifrasi, Luigi (il «gran re che la Senna ognor onora») e la principessa Maria («del polono cielo beltà più rara e grande»). Dopodiché proseguono, da soli o più spesso in coppia, a prospettare agli sposi

le gioie imminenti delle nozze e quelle di là da venire, prodotte dai frutti della loro unione. La riappacificazione finale, che in questo particolare tipo di serenate era generalmente realizzata con l'intervento di un *tertium super partes*, viene qui sostituita da un plauso alla festa e all'ambasciatore Languet, cui va il merito di averla patrocinata.

LE FONTI

L'unica fonte musicale unitaria della Serenata RV 687 è l'autografo della partitura, conservato presso la Biblioteca Nazionale Universitaria di Torino (Foà 27, cc. 62-94). Secondo Paul Everett, che ha esaminato in dettaglio la fonte torinese, essa appartiene alla categoria della cosiddetta 'copia di lavoro' ('composition copy'), vale a dire una via di mezzo fra un 'abbozzo compositivo' ('composition draft') e una bella copia.[13] La musica copiata al suo interno, infatti, fu in parte (a) ricavata tale e quale da fonti preesistenti, subendo in alcuni casi (b) un processo di revisione rispetto all'originale (avvenuto durante o subito dopo il processo materiale di copia da un esemplare all'altro), oppure (c) composta espressamente per l'occasione. Per la sua redazione fu utilizzata un'unica tipologia di carta da musica, che misura approssimativamente 316×237 mm. Ciascun foglio fu pretracciato con dieci righi (probabilmente dal fabbricante o dal venditore della carta) ottenuti con una sola passata di un rastro ad apertura costante di 18,95 cm posto fra linee guida verticali. Su alcuni fogli è visibile una filigrana, costituita da tre mezze lune che misurano 80 mm lungo l'asse orizzontale del disegno, e una contromarca che raffigura due grandi lettere («L» e «C»), congiunte alla base da una foglia di trifoglio.

La fascicolazione del manoscritto, procede per gruppi regolari di quattro carte ottenute piegando a metà e tagliando lungo il bordo di piegatura un unico grande foglio in formato 'reale' (i due bifogli così ottenuti erano poi inseriti uno all'interno dell'altro, in modo da formare un duerno). Le uniche eccezioni sono costituite dal quarto, settimo e ottavo fascicolo, che contano rispettivamente cinque, due e sei carte ciascuno. Tuttavia, anche in questi casi è possibile ipotizzare che in un primo momento Vivaldi avesse utilizzato unicamente dei fascicoli di quattro carte, poi modificati aggiungendo o togliendo le carte in

[11] HOZIER, *Armorial*, cit., p. 676.

[12] Il termine riprende quello di «joute oratoire» proposto per la prima volta in JACQUES JOLY, *Les Fêtes théâtrales de Métastase à la Cour de Vienne (1731-1767)*, Clermont-Ferrand, Association des Publications de la Faculté des Lettres et Sciences Humaines de Clermont-Ferrand, 1978, p. 84.

[13] TALBOT – EVERETT, *Homage to a French King*, cit., p. XXVI.

XVI

eccesso o in difetto in seguito a dei ripensamenti avvenuti prima che l'opera assumesse la sua forma definitiva. Probabilmente gli otto fascicoli superstiti erano preceduti da un ulteriore duerno, privo di numerazione, con un frontespizio e una sinfonia introduttiva, che in seguito fu staccato dal corpo principale del manoscritto e riutilizzato per altri scopi.[14]

Oltre a *In braccio de' contenti* che è il *contrafactum* di *In braccio a te la calma*, tratto dal *Giustino*, RV 717 (III.10), almeno altri tre brani copiati nella partitura della Serenata RV 687 sono infatti attestati nei manoscritti di precedenti lavori vivaldiani. Si tratta, rispettivamente, di *Scherzeran sempre d'intorno* – composta nel 1721 per il dramma pastorale *La Silvia*, RV 734 (II.03) – e delle arie *Care pupille* e *Al seren d'amica calma* – tratte dal secondo atto di *La virtù trionfante dell'amore e dell'odio, ovvero Il Tigrane*, RV 740 (II.04 e II.11), messo in scena a Roma nell'inverno del 1724.[15]

Dall'esame delle fonti secondarie risulta che nessuna delle varianti attestate può essere considerata una seria alternativa alla lezione dell'autografo. Nemmeno gli errori casuali contenuti in quest'ultimo rendono automaticamente autentiche le lezioni trasmesse in altre fonti, dal momento che l'errore si verificò proprio perché il compositore apportò delle modifiche al testo originario mentre lo trascriveva. Inoltre, pur essendo inficiate da alcune sviste occasionali, le copie che Vivaldi ricavò da suoi precedenti lavori sono generalmente più accurate dei rispettivi modelli. Nel caso dell'aria trasmessa nel codice Foà 28, infine, non si può escludere che la fonte non autografa trasmetta degli errori o delle varianti introdotte inconsapevolmente dal copista. La correzione di eventuali lezioni errate nella partitura autografa di RV 687 da parte del curatore è stata dunque attuata interamente per via congetturale, senza l'ausilio di fonti secondarie.

Allo stato attuale delle nostre conoscenze non è possibile formulare alcuna ipotesi in merito alla paternità del testo poetico. Poiché non ci è pervenuto alcun libretto, l'unica fonte del testo è costituita dalle parole sottoposte alle note nella partitura autografa della serenata.

LA MUSICA

La Serenata RV 687 conta in tutto ventidue brani: undici recitativi, nove arie solistiche e due arie a due voci. Contrariamente alla *Senna festeggiante*, che fa ampio ricorso al recitativo accompagnato, tutti i versi sciolti di RV 687 non prevedono alcun accompagnamento strumentale oltre a quello realizzato dal basso continuo. La scelta di utilizzare esclusivamente il recitativo semplice deriva probabilmente dalla fretta e dalle particolari condizioni di lavoro cui dovette sottostare il compositore, più che da intrinseche ragioni musicali.

Nel complesso, si tratta di un declamato più 'neutro' rispetto a quello utilizzato nel melodramma coevo. Nelle partiture dei suoi drammi per musica, infatti, Vivaldi declina i propri recitativi semplici secondo i due stili che il teorico tedesco Friedrich Wilhelm Marpurg definisce «storico» («historisch») e «patetico» («pathetisch»), con una chiara predilezione nei confronti del secondo:

> Die Zeit der Länge, die jeder Harmonie zukömmt, wird überhaupt durch die Regeln der Interpunction, besonders im historischen Recitativ; zugleich aber durch das Steigen und Fallen der Affekte im pathetischen Recitative bestimmt.[16]

Ciò che differenziava i due tipi di declamato consisteva nell'uso di alcuni specifici stilemi, come, nel secondo di essi, la presenza massiccia di armonie dissonanti (in particolare, dell'accordo di settima diminuita). Nella pratica teatrale dell'epoca, entrambi gli stili erano in realtà commisti all'interno dello stesso recitativo, che poteva transitare dal registro storico al patetico (e viceversa) sulla base dei cambiamenti nel testo poetico intonato. La brevità dei testi della Serenata RV 687 e la pressoché totale assenza di contrasti o di temperie emotiva spinsero Vivaldi a utilizzare quasi esclusivamente la prima tipologia stilistica, pur senza rinunciare ad alcune caratteristiche distintive dei suoi recitativi teatrali. Una delle più evidenti riguarda la segmentazione del testo in rapporto ai suoi valori metrici e prosodici. Di norma, solo i versi di sette sillabe restano indivisi, mentre quelli di undici vengono molto spesso separati in corrispondenza della rispettiva cesura (o anche di unità sintattiche più piccole). Il risultato è una veste

[14] PETER RYOM, *Antonio Vivaldi: Thematisch-systematisches Verzeichnis seiner Werke (RV)*, Wiesbaden – Lipsia – Parigi, Breitkopf & Härtel, 2007, p. 340.

[15] Per maggiori dettagli sulle fonti si rimanda all'edizione critica della partitura (P.R. 1431).

[16] FRIEDRICH WILHELM MARPURG, *Kritische Briefe über die Tonkunst*, vol. 2, Berlino, Birnstiel, 1763, p. 263.

musicale particolarmente sfaccettata, ma non sempre coerente con le articolazioni interne del testo. Un altro elemento in comune fra il declamato operistico vivaldiano e i recitativi di RV 687 è la condotta sommaria della linea del continuo, che procede non di rado zigzagando e cercando il più possibile di evitare il grado della fondamentale, a conferma di una prassi compositiva centrata prevalentemente sulla melodia.

D'altra parte, anche se la *mise en scène* di una serenata poteva prevedere l'utilizzo di costumi e di apparati scenografici occasionalmente molto elaborati, i cantanti – contrariamente a quanto avveniva in teatro – si esibivano seduti, leggendo la propria parte tenendola in mano. Questa assenza di azione scenica fu un altro elemento, probabilmente quello decisivo, che spinse Vivaldi a privilegiare un tipo di recitativo più 'funzionale' che 'espressivo'. Il suo scopo principale, nell'economia generale dell'opera, consisteva infatti nel preparare e collegare le forme musicali chiuse. Oltre a pianificare con cura la serie delle modulazioni all'interno di ciascun recitativo e il rapporto fra la tonalità d'impianto di un'aria e quella raggiunta in corrispondenza della cadenza conclusiva del recitativo antistante, il compositore mise a punto altri metodi attraverso cui perseguire la coerenza musicale dei propri recitativi. Uno dei più efficaci consiste nell'organizzare la successione delle singole formule melodiche, sostanzialmente atematiche, attorno a una sorta di 'corda di recita', vale a dire un'altezza fissa e ricorrente che – soprattutto nei recitativi più brevi – corrisponde alla nota comune alle tonalità toccate nel corso del brano.

Esempio 1. Recitativo, *Dall'eccelsa mia reggia.*

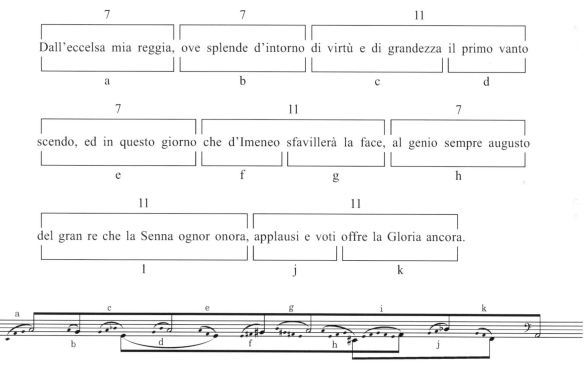

Tutti i numeri musicali solistici adottano la forma tradizionale dell'aria grande con *Da Capo* (r^{1}S^{1}r^{2}S^{2}r^3–S^3–r^{1}S^{1}r^{2}S^{2}r^3). Questa apparente uniformità non deve però trarre in inganno, perché, al suo interno, erano possibili una straordinaria varietà di scelte e di soluzioni formali, a partire dalla specifica conformazione del ritornello strumentale iniziale. La maggior parte di essi, la cui lunghezza oscilla fra le sette e le ventidue misure, hanno la forma di un classico *Fortspinnungstypus* tripartito: una esposizione iniziale (*Vordersatz*), dove è presentato gran parte del materiale motivico utilizzato in seguito, seguita da una fase centrale di sviluppo (*Fortspinnung*), formata generalmente da una catena di progressioni, conclusa da una chiusa cadenzale (*Nachsatz*), che spesso parafrasa il contenuto musicale dell'esposizione (Esempi 2a e 2b, p. XVIII). In alcuni casi, la fase centrale di *Fortspinnung* e quella conclusiva di *Nachsatz* potevano fondersi (Esempio 3a, p. XVIII) o scomparire (Esempio 3b, p. XVIII), dando origine a una struttura bipartita.

ESEMPIO 2A. Aria, *Alle amene, franche arene*, bb. 1-8.

ESEMPIO 2B. Aria, *Tenero fanciulletto*, bb. 1-17.

ESEMPIO 3A. Aria, *Questo nodo e questo strale*, bb. 1-17.

ESEMPIO 3B. Aria, *Care pupille*, bb. 1-16.

Il legame che intercorre fra le unità strutturali del ritornello può essere di tipo 'additivo' (due casi), allorché si tratta di elementi giustapposti e relativamente indipendenti, oppure di tipo 'generativo' (sette casi), in cui tutto o gran parte del suo materiale musicale deriva dall'esposizione iniziale. I *textures*, invece, sono quanto mai vari: quello più utilizzato (quattro casi) prevede una linea melodica affidata agli archi acuti e un accompagnamento omoritmico realizzato da quelli più gravi, mentre poco meno sfruttate (tre casi) sono le esposizioni imitative del materiale motivico (tre casi) e, in subordine, quelle in cui tutte le parti procedono all'unisono con il basso che le raddoppia all'ottava inferiore (due casi).

Il decorso armonico di ciascuna aria, sintetizzato nella Tabella 1, ci fornisce delle informazioni essenziali sulle strategie compositive adottate da Vivaldi.

TABELLA 1.

incipit	Alle amene, franche arene					
funzione	r^1	S^1	r^2	S^2	r^3	S^3
battute	1-8	8-14	14-16	16-26	26-30	30-38
tonalità	I	I→V	V	V→I	I	vi→(IV)→ii
	Tenero fanciulletto					
	1-17	18-35	35-42	42-77	77-89	89-124
	i→III	//i→III	III	III→i	i	III→v
	Questo nodo e questo strale					
	1-16	17-48	48-55	56-87	87-95	96-118
	i	i→III	III→i	i	i	v
	Scherzeran sempre d'intorno					
	1-8	8-20	20-23	23-39	40-44	45-58
	i	i→III	III	III→i	i	III→iv
	Godi pur ch'il caro sposo					
	1-7	8-20	20	21-38	38-44	44-54
	I→V	I→V	V	I	I	vi→(ii)→iii
	Care pupille					
	1-16	17-39	40-44	45-75	75-88	89-107
	i	i//III	//i	i	i	III→iv
	Al seren d'amica calma					
	1-22	23-44	45-48	49-76	77-92	93-112
	I→iii	//I→iii	//I	I	I	vi→(iii)→ii
	Se ingrata nube					
	1-11	11-25	25-30	31-58	59-67	67-92
	I	I→V	I	I	I	vi→III
	Ognor colmi d'estrema dolcezza					
	1-14	14-38	38-44	44-77	77-92	92-117
	I	I→V	I	I	I	vi→ii

NOTE

Le tonalità maggiori sono indicate con le cifre romane maiuscole, quelle minori con le cifre romane minuscole; il simbolo → indica una modulazione confermata da una cadenza perfetta (se la cifra è posta fra parentesi tonda si tratta di una modulazione interna); il simbolo // indica un cambio di tonalità ottenuto attraverso uno *hiatus* armonico.

In genere, il ritornello introduttivo (r^1) e quello finale (r^3) sono saldamente ancorati alla tonalità d'impianto dell'aria, anche se non mancano alcuni esempi di introduzione orchestrale modulante. L'area più instabile della sezione A corrisponde, per converso, al primo intercalare del solista (S^1). Nelle arie in maggiore, la tonalità raggiunta è quella della dominante (in un solo caso quella della mediante minore), in quelle in tonalità minore è sempre il terzo grado maggiore. Per quanto breve (in un caso è addirittura cassato e sostituito da una cadenza strumentale), il ritornello intermedio (r^2) riveste un'importanza cruciale nell'indirizzare lo sviluppo complessivo del brano. Esso, infatti, può confermare la tonalità raggiunta alla fine dell'episodio solistico precedente (quattro casi), procrastinando il ritorno alla tonica conclusiva al secondo intercalare del cantante (S^2), oppure anticiparlo (cinque casi), con l'effetto di sbilanciare la struttura complessiva dell'aria verso la sua tonalità d'impianto. L'opzione più sfruttata è comunque quella che prevede una regressione alla tonica all'inizio (o, in caso, alla fine) del ritornello strumentale intermedio. Questa transizione può avvenire sia in maniera estremamente fluida, allorché l'episodio vocale immediatamente precedente termina sul tono della dominante, oppure in modo più netto, attraverso uno *hiatus* armonico. È interessante osservare come le arie in cui il ritorno alla tonica avviene al termine di un secondo episodio solistico modulante siano concentrate nella prima metà della serenata, mentre quelle in cui gran parte della sezione A non si discosta dalla tonalità d'impianto, trovino posto soprattutto nella seconda metà dell'opera. La percezione che Vivaldi non abbia scelto in maniera casuale le opzioni costruttive a sua disposizione è rafforzata anche dalla forte somiglianza degli schemi armonici adottati nelle ultime due coppie di arie, in cui la regressione alla tonica avviene – rispettivamente – sfruttando la tecnica dello *hiatus* e la forza d'attrazione esercitata dalla tonica rispetto alla dominante. La sezione B di ciascun brano è, senz'ombra di dubbio, quella armonicamente più elaborata. Nelle arie in tono maggiore, l'intonazione della seconda semistrofa del testo poetico inizia sempre nel tono della relativa minore; quelle in minore principiano invece di norma nel tono della relativa maggiore (l'unica eccezione è costituita dall'aria *Questo nodo e questo strale*, la cui sezione B inizia nel tono della dominante minore, peraltro senza modulare). Un terzo dei brani prevedono anche una modulazione interna a una tonalità secondaria, confermata da una cadenza perfetta. In questi casi, la scelta del grado intermedio è quanto mai varia, mentre, per quanto riguarda la modulazione conclusiva, si riscontra una certa tendenza a terminare le arie in maggiore (prescindendo dalla ripetizione del *Da Capo*) sul tono della sopratonica minore (tre casi su cinque) e quelle in minore sul tono della sottodominante (due casi su quattro).

L'integrazione motivica fra le unità strutturali che compongono le arie è ancora più sofisticata e avviene sulla base di tre livelli complementari: (1) il rapporto fra il contenuto musicale del ritornello strumentale introduttivo e quelli intermedio e finale, (2) quello esistente fra le intonazioni della prima e della seconda semistrofa del testo poetico, e, infine, (3) fra gli episodi vocali e i ritornelli orchestrali.[17] Il materiale motivico del ritornello introduttivo, da cui deriva gran parte di quello successivo, può possedere caratteristiche melodiche, ritmiche e di registro peculiari dell'idioma strumentale, e violinistico in particolare, oppure essere concepito fin dall'inizio in funzione delle particolari caratteristiche metriche e prosodiche del testo poetico intonato (quantunque nella prassi compositiva questa differenza sia in realtà più sfumata). In questo secondo caso, come nell'aria *Al seren d'amica calma*, l'assimilazione fra i due linguaggi può giungere sino al punto di condizionare la struttura complessiva del brano (Tabella 2).

TABELLA 2.

FUNZIONE	r^1	S^1	r^2	S^2	r^3	S^3
BATTUTE	1-22	23-44	45-48	49-76	77-92	93-112
MOTIVI	$abcdeb_1$	$abcdeb_1$	a_1b	$ab{<}da{>}fb_2d_1b_2$	$abfb_2d_1b_2d_1$	$gb_3{<}gd_2{>}g_1{<}gb_3{>}g_2$

NOTE
Le cifre in pedice identificano il rapporto di derivazione di un motivo da un altro; le lettere poste fra parentesi uncinate indicano un motivo ottenuto combinando elementi di due motivi differenti.

17 TALBOT – EVERETT, *Homage to a French King*, cit., p. XLVIII.

Il testo della prima semistrofa dell'aria è composto da un verso quadrisillabo racchiuso fra due ottonari. Poiché il primo episodio vocale (S^1) riproduce, nota per nota, il contenuto del ritornello iniziale (r^1), Vivaldi fu costretto a modificarne la struttura, interponendo un breve elemento digressivo (c, bb. 7-10) fra l'esposizione (ab, bb. 1-6) e lo sviluppo (de, bb. 11-18), prima della chiusa cadenzale modulante (b_1, bb. 18-22). Nel primo intercalare del cantante, infatti, la digressione serve per intonare il verso interno di quattro sillabe. Il breve ritornello intermedio (r^2) è una riproposizione – leggermente modificata – della fase iniziale di *Vordersatz*, che funziona alla stregua di un vero e proprio motto. Anche il secondo intercalare del cantante (S^2) riprende, come il precedente, dall'*incipit* del ritornello iniziale, salvo proseguire combinando ingegnosamente elementi tratti dal motto e dalla fase interna di sviluppo a spunti tematici affatto nuovi. Questi ultimi trapassano anche nel terzo e ultimo ritornello strumentale (r^3), il più dissimile da quello iniziale considerata la necessità di concludere la sezione A dell'aria nella sua tonalità d'impianto. Nella sezione B (S^3) i nuovi motivi sono tutto sommato esigui, visto che i due intercalari della seconda semistrofa parafrasano soprattutto il contenuto musicale di A.

Nelle arie che utilizzano una scrittura strumentale fortemente orientata in senso idiomatico, come *Alle amene, franche arene*, la disposizione e l'elaborazione del materiale motivico prefigura la presenza di due piani strutturali complementari, uno per i ritornelli e l'altro per gli episodi vocali. L'esposizione del ritornello introduttivo è infatti costituita da tre diversi elementi: un arpeggio sincopato a note ribattute sui gradi fondamentali della scala, delle *tirades* di trentaduesimi e una breve chiusa cadenzale. La fase centrale di sviluppo è caratterizzata dall'uso pervasivo del cosiddetto 'ritmo lombardo' (o 'Scotch snap'), mentre l'epilogo parafrasa gli stessi elementi già utilizzati nell'esposizione. I due ritornelli successivi ripropongono, in miniatura, la stessa struttura di quello iniziale, anche se il primo è privo della fase centrale

di *Fortspinnung*. Gli episodi solistici, invece, iniziano tutti con un motivo cantabile, il cui profilo arcuato abbraccia un intervallo di quinta (più raramente di quarta o di sesta) e muove prevalentemente per gradi congiunti. L'unico elemento di integrazione fra i due piani strutturali è l'utilizzo, negli ampi vocalizzi eseguiti dal cantante in corrispondenza dei termini che esprimono i concetti fondamentali dell'aria («affetto» e «fedel»), di materiale motivico derivato dal ritornello, come le cellule ritmiche sincopate e le catene di progressioni in ritmo lombardo.

L'aria dove l'interscambio del materiale motivico fra i ritornelli strumentali e gli episodi vocali è più serrato è senza dubbio *Ognor colmi d'estrema dolcezza*. Una delle caratteristiche del suo ritornello iniziale, i cui motivi sono sempre trattati con la tecnica dell'imitazione, è la pluralità delle funzioni affidate alla parte della viola. Essa, infatti, partecipa dapprima al dialogo con i violini, poi si affianca al basso nella realizzazione dell'accompagnamento, affrancandosene quando quest'ultimo sostiene il lungo pedale di dominante che precede la cadenza finale, introdotta da un motivo cromatico discendente e conclusa con un *texture* omoritmico a due voci (la prima affidata agli archi acuti e la seconda a quelli più gravi). Nell'insieme, la parte vocale – che raddoppia sempre il violino primo (all'ottava bassa) o la viola (all'unisono) – sembra sovrapposta un po' a forza a un tessuto strumentale contrappuntistico autosufficiente, come avviene in certe arie d'opera vivaldiane composte alla fine degli anni Dieci. Una delle conseguenze più vistose di questa impostazione è il venir meno della corrispondenza fra elementi verbali e musicali: in altre parole, lo stesso testo può essere associato a motivi diversi e il medesimo motivo può prestarsi a intonare versi differenti.

La struttura dell'aria, schematizzata nella Tabella 3, evidenzia come la graduale immissione di nuovi motivi, a partire dal secondo episodio vocale, sia controbilanciata dal ritorno ciclico di quelli precedenti, sia nella loro foggia originaria che in forma modificata.

TABELLA 3.

FUNZIONE	r^1	S^1	r^2	S^2	r^3	S^3
BATTUTE	1-22	23-44	45-48	49-76	77-92	93-112
MOTIVI	abc	aac_1b_1	a	$dd_1eb_1c_1f$	af	$a_1c_2c_3g$

I due brani a due voci, *Vedrò sempre la pace* e *In braccio de' contenti*, prefigurano – infine – delle soluzioni formali piuttosto diverse fra loro. Mentre il secondo adotta la stessa forma col *Da Capo* delle arie solistiche, il primo annovera due periodi con ritornello preceduti da un'introduzione strumentale, i cui elementi derivano tutti dal motivo iniziale (bb. 1-10, aa$_1$; i→V; bb. 11-20, aa$_1$; i→V; bb. 21-29, a$_2$a$_3$, →iv→VI// i).

La scrittura vocale è in entrambi i brani affatto convenzionale, tanto che l'interazione fra i due solisti avviene esclusivamente attraverso dei semplici *clichés*: *incipit* omoritmici in cui le due voci si muovono prevalentemente per terze o per seste parallele; una eventuale fase di sviluppo costituita da una progressione tonale trattata con la tecnica dell'imitazione (in corrispondenza delle parole che esprimono il concetto o l'affetto dominante dell'aria); dei brevi passaggi in contrappunto libero concentrati soprattutto in fase cadenzale. Tutto sommato si trattava di musica di *routine*, tanto che Vivaldi non si peritò di riutilizzare il primo brano a due voci di RV 687, *Vedrò sempre la pace*, nella partitura della *Senna festeggiante*, composta probabilmente per lo stesso committente e per lo stesso pubblico, a distanza di pochi mesi, laddove il riutilizzo della sua musica operistica preesistente è, al contrario, oculatamente pianificato.

INTRODUCTION

Known in the literature under the title of "La Gloria [e] Himeneo", taken from the heading to the opening recitative, or alternatively, following the opening line of the poetic text, as "Dall'eccelsa mia reggia", the Serenata RV 687 belongs to a group of so-called 'French serenatas' by Antonio Vivaldi.[1] This is a series of works—to which belong also the *Serenata a 3*, RV 690, *La Senna festeggiante*, RV 693, and *L'unione della Pace e di Marte*, RV 694—composed and performed between the mid-1710s and mid-1720s of the eighteenth century in celebration of important recurrent and non-recurrent events relating to the Kingdom of France and its diplomatic representatives resident in Italy.[2] Thanks to a remarkable and fortuitous coincidence, we possess two separate accounts—one in Italian and the other in French—that enable us to establish with certainty the place and date of the first (and apparently only) performance of RV 687.[3] This serenata was indeed commissioned from Vivaldi by the French ambassador in Venice, Jacques-Vincent Languet, Count of Gergy, on the occasion of the wedding of Louis XV to the Polish princess Maria Leszczyńska, and was performed during a *festa* that took place in the ambas-sador's garden on the evening of 12 September 1725.[4]

The earliest description of the event is attached to a letter that Ambassador Gergy sent to his correspondent in Rome, Cardinal Filippo Antonio Gualterio, on 15 September 1725. The latter's correspondence with Languet, which lasted almost twenty years, dated back from a time when the count was resident in Florence as a special envoy of the French crown at the Medici court. The text of the report, couched in the flowery language of its age, relates down to the smallest details the course of the *festa* during which Vivaldi's serenata was performed:[5]

Relatione della Solene fontione fatta da S[ua] E[ccellenza] Ambasciatore di Francia in occasione del maritaggio di S[ua] M[aestà] Cristianissima li 12 sette[m]bre 1725

Del giorno delli 12 sette[m]bre sud[dett]o fù veduto il Sontuosissimo Palaggio di S[ua] E[ccellenza] il Sig[n]or C[onte] di Giergij Ambasciatore di S[ua] M[aestà] Cristianissima, aperto alla curiosità, et amiratione di tutta la Nobiltà Veneta, e Forestiera, venendo quella habilitata per simile occasione, con il solito commodo delle Maschere, mentre altrimente non vi sarebbe potuta concorrere[.]

Molti furono li Sogetti, che avrebbero il splendore della Festa, e Serenata, ch'in esso questo Ecc[ellentissi]mo Ambasci[atore] fece godere, et erano Monsig[no]r Nonzio, S[ue] E[ccellenze] Ambasciatore, et Ambasciatrice di S[ua] M[aestà] Cesarea, il Sig[no]r Ricevitor di Malta, e moltissimi riguardevoli Personaggi. Fù in vero un piacevolissimo, e splendidissimo vedere, il sontuoso giardino, quale essendo per se stesso suficiente d'introdure la meraviglia con la varietà de fiori, che per diversi viali disposti pompegiavano, era illuminato da quantità tale di fiaccole, che si potea francamente dire, che la Notte per solennizare

[1] MICHAEL TALBOT, *Vivaldi's Serenatas: Long Cantatas or Short Operas?*, in *Antonio Vivaldi. Teatro musicale, cultura e società*, eds Lorenzo Bianconi and Giovanni Morelli ("Quaderni vivaldiani", 2), Florence, Olschki, 1982, pp. 67–96, reprinted retaining the original pagination in ID., *Vivaldi* ("The Baroque Composers"), Farnham, Ashgate, 2010, and ID., *The Serenata in Eighteenth-Century Venice*, "Royal Musical Association Research Chronicle", 18, 1992, pp. 1–50; MICHAEL TALBOT – PAUL EVERETT, *Homage to a French King: Two Serenatas by Vivaldi (Venice, 1725 and ca. 1726)*, in ANTONIO VIVALDI, *Due Serenate* ("Drammaturgia musicale veneta", 15), Milan, Ricordi, 1995, pp. IX–LXXXVII.

[2] ROBERT KINTZEL, *Vivaldi's Serenatas Revisited, I. The "French Serenatas" of 1725–1727*: Gloria e Himeneo, La Senna festeggiante *and* L'unione della Pace e di Marte, "Studi vivaldiani", 9, 2009, pp. 33–79.

[3] The text of both reports is transcribed and commented on in TALBOT – EVERETT, *Homage to a French King*, cit., pp. LXVII–LXVIII.

[4] MICHAEL TALBOT, *Vivaldi and a French Ambassador*, "Informazioni e studi vivaldiani", 2, 1981, pp. 31–43.

[5] *GB-Lbl*, Add. MS 20,346, f. 70r.

l'Imeneo d'un Rè il più grande, e il più potente del Mondo, havesse presi ad imprestito li raggi più rilucenti del Sole; Venia per le vie più accrescere la pompa, et il diletto questa illuminazione formare nel fine del Giardino, sopra una loggia, che riguarda il Mare, con nobile maestria, e geroglifico l'arma di Francia, quale venia con quel Splendore à far conoscere, non solo per chi fosse quella magnifica fontione, ma quanto fosse anche quello glorioso.

Sarebbe impossibile il volere descrivere punto, per punto la moltitudine, e la qualità degl'adobbi, de quali pompeggiavano ricamente vestite le pareti del Superbo Palaggio; basta solo il dire (e da questo si può venire in cognitione del rimanente) che la stanza in cui era sotto richissimo baldachino posto il ritratto di S[ua] M[aestà] Cristianiss[im]a era adobbata d'arazi tanto pretiosi, per la qualità della materia, e tanto amirabili per l'imparigibilità del Opra, che si potea dire, che la mano che fece si bel lavoro fosse stata la mano della Natura, non la destra d'un Artefice.

Una Galeria de Quadri con cornizie di sopranino intaglio, dorate, e tutte simili, che in altra stanza era esposta, francamente si fece credere per l'anima della Pittura; mentre niente di più bello non si potea imaginare, non che vedere. La quantità delle Torcie, e d'altri lumi, che in ogni angolo, e parte di questo vasto palaggio erano splendidamente disposte faceano un tal Splendore, che abbastanza splendido confessavano chi d'esso vi era il Padrone. Nella Sala maggiore dove era destinata una belissima danza, ci era un palcho, sopra il quale vi sedeano moltissimi Suonatori, che per essere de più scelti, con le loro armonioze sonate faceano mover i cuori, non che i piedi di chi danzavano, et ascoltavano.[6]

Vivaldi probably had no part in the composition of the music for dancing mentioned in the first part of the report, but his name is mentioned directly in the next passage, which is entirely given over to a description of the serenata:

La Serenata, che non fù ch'una musicale compositione, in lode e buon auggurio del Maritaggio di S[ua] M[aestà] Cristianissima si recitò nelle stanze della loggia posta in termine del Giardino, fù composta dall Sig[n]or Vivaldi, e recitata da bravissimi Musici, e Cantatrici, quali con la soavità della loro voce, quali novelli Orfei trassero [a] sé numero infinito di gondole, quale nascondea il mare istesso agl'occhij de' riguardanti.[7]

The same information is conveyed, in a much drier form, in two separate dispatches drawn up by the Venetian inquisitors, Girolamo Alvisi and Pietro Donado, respectively on 15 and 18 September 1725.[8] In October of the same year the "Mercure de France" published its own account of the *festa*, accompanying it with a judgment of the author of the music so flattering as to be often quoted as evidence of the international reputation that Vivaldi enjoyed at the time:

Il y eut à la suite du bal une serenade, dont les paroles convenables au sujet, furent fort applaudies, la Musique étoit de sieur Vivaldi, le plus habile compositeur qui soit à Venise.[9]

Since both reports have been known for a long time to scholars, there is no need to analyse them in detail. However, it is worthwhile to dwell a little on the person behind the commission for the serenata, the already mentioned Languet.[10] The second-born child of Denis Languet and Marie Robelin, Jacques-Vincent Languet was baptized on 29 April 1667. His diplomatic career, which he began as a "Gentil-homme ordinaire de la Chambre du Roi", continued with his appointment as an envoy extraordinary of the French king to dukes Eberhard Ludwig of Württemberg (1697), Ferdinando Carlo Gonzaga of Mantua and Francesco Farnese of Parma (1702 and 1704). In April 1706, Luigi XIV raised the *terres de Gergy* to the rank of a county, and in July 1709 Languet moved, still as a special envoy of his king, to the Grand Duchy of Tuscany. He took formal possession of his post on 1 October 1710, retaining it until January 1715, when he moved on to Regensburg as plenipotentiary minister of his sovereign. On 21 October of the same year he married by contractual agreement Anne Henry, daughter of Jean Baptiste Henry, general treasurer of the galleys of France. The summit of his diplomatic career arrived when he was appointed ambassador to the Most-Serene Republic of Venice. Languet arrived in the city on 5 December 1723 and made his public entry there

---

[6]   *Ibid.*, f. 71r–v.

[7]   *Ibid.*, f. 71v.

[8]   *I-Vas*, Inquisitori di Stato, Busta 709, *Avvisi*.

[9]   "Mercure de France", October 1725, pp. 1417–1418.

[10]   On Languet's life and career, see "Mercure de France", November 1734, pp. 2536–2537; LOUIS-PIERRE D'HOZIER, *Armorial Général, ou Registres de la Noblesse de France*, II (second part), Paris, Prault Père, 1742, pp. 675–676; FRANÇOIS-ALEXANDRE AUBERT DE LA CHESNAYE DES BOIS, *Dictionnaire de la Noblesse*, vol. 8, Paris, Antoine Boudet, 1774, p. 457.

on 4 November 1726. In 1731 Louis XV allowed him to return to France for reasons of health, relieving him permanently of his post on 3 January 1733 and granting him a pension of a thousand livres for the "trente-cinq années de bons & agréables services rendus tant à Sa Majesté qu'au feu Roi son prédécesseur".[11] Languet died on 17 November 1734 at the age of sixty-eight.

His links with Vivaldi go back to a time when the French diplomat was residing in Venice in the *Palais de France* in the Cannaregio *sestiere*. Vivaldi composed for him also the three-voice serenata *L'unione della Pace e di Marte*, RV 694, and the *Te Deum*, RV 622, both lost, which were respectively performed in the ambassador's garden and the church of the Madonna dell'Orto on 19 September 1727 in celebration of the birth of twin daughters to Louis XV and Maria Leszczyńska. There are, however, no facts enabling one to link to Languet with certainty the commission for twelve 'concerti ripieni' without soloist, in a French-leaning style, copied by the composer's father, Giovanni Battista Vivaldi, and today held by the Bibliothèque Nationale in Paris. On the other hand, it is likely that the two other Vivaldi serenatas that have come down to us are both linked to Languet and to his diplomatic activities in Italy: *La Senna festeggiante* and the *Serenata a 3*.

So the fragmentary nature of the bio-bibliographical picture that we have just sketched does not allow us to present documentary evidence of the existence of a relationship between Languet and Vivaldi prior to the commissioning of the Serenata RV 687. The composition reworks, with modifications, the *topos* of the 'contest', which was one of the models used most widely for this particular poetic-cum-musical genre.[12] Imeneo (Hymen), the Greek god who is a son of Apollo, and the allegorical character La Gloria (Glory) try to outdo one another in singing the praises of the bridal couple to whom the serenata pays homage, in doing which each augments rather than contradicts the affirmations of the other. In the opening two recitatives they begin by introducing, each with elegant periphrasis, King Louis ("il gran re che la Senna ognor onora") and Princess Maria ("del polono

cielo beltà più rara e grande"). They continue, individually or more often as a pair, by describing for the couple the imminent joys of their wedding and the union that will follow it. The final attainment of unanimity, which in this particular type of serenata was generally accomplished by means of an intervention from a third party, is here replaced by a praise of the *festa* and of ambassador Languet, to whom goes the credit for having hosted it.

THE SOURCES

The sole complete musical source of the Serenata RV 687 is the autograph score, preserved in the Bibblioteca Nazionale Universitaria di Torino (Foà 27, ff. 62–94). According to Paul Everett, who has examined in detail the source in Turin, it belongs to the category of a so-called 'composition copy', which stands half-way between a 'composition draft' and a fair copy.[13] The music copied into it was indeed partly (a) taken as it stood from pre-existing sources, undergoing in some instances (b) a process of revision in relation to the original (occurring during or immediately after the physical process of copying from one example to the other), and partly (c) composed expressly for the occasion. A single paper type measuring approximately 316×237 mm was employed for the purpose. Each page was pre-ruled with ten staves (probably by the maker or the seller of the paper) by means of a single 'pass' of a rastrum with a constant span of 18.95 cm, positioned between vertical guidelines. Some folios display a watermark, made up of three crescent moons measuring 80 mm along the vertical axis of the design, and a countermark in the form of two large letters ("L" and "C"), joined to the base of a trifolium.

The collation of the manuscript proceeds in regular gatherings of four folios obtained by folding twice, and then slitting the horizontal folds of, a single large sheet of 'royal' dimensions (the two bifolios obtained in this way were then left nested to form a *binio*). The sole exceptions are the fourth, seventh and eighth gatherings, which contain respectively five, two and six folios. Nevertheless, even in these cases it is possible to surmise that Vivaldi started by using only binios but subsequently made alterations by adding or removing extra or surplus folios in accordance with changes of mind

---

[11] HOZIER, *Armorial*, cit., p. 676.

[12] The term translates the description "joute oratoire" introduced in JACQUES JOLY, *Les Fêtes théâtrales de Métastase à la Cour de Vienne (1731–1767)*, Clermont-Ferrand, Association des Publications de la Faculté des Lettres et Sciences Humaines de Clermont-Ferrand, 1978, p. 84.

[13] TALBOT – EVERETT, *Homage to a French King*, cit., p. XXVI.

that occurred before the work assumed its definitive form. The eight gatherings that survive were probably preceded by a further, unnumbered binio containing a title page and an introductory sinfonia, which was later removed from the main body of the manuscript and reused for other purposes.[14]

In addition to *In braccio de' contenti*, which is a *contrafactum* of *In braccio a te la calma*, taken from *Il Giustino*, RV 717 (III.10), at least three further movements copied into the score of the Serenata RV 687 in fact appear in the manuscripts of earlier Vivaldi works. These are, respectively, *Scherzeran sempre d'intorno*—composed in 1721 for the pastoral opera *La Silvia*, RV 734 (II.03)—and the arias *Care pupille* and *Al seren d'amica calma*—both found in the second act of *La virtù trionfante dell'amore e dell'odio, ovvero Il Tigrane*, RV 740 (II.04 and II.11), staged in Rome in the winter of 1724.[15]

It follows from an examination of the secondary sources that none of the variants can be considered a serious alternative to the reading of the autograph score. Not even the casual errors contained in the latter automatically render authentic the readings of other sources, given that the mistake has come to light precisely because the composer made changes to the original text in the course of transcribing it. Moreover, even though they are 'infected' by occasional slips, the copies that Vivaldi made of material found in his earlier works are, generally speaking, more accurate than their respective models. Finally, in the case of the aria transmitted by the manuscript Foà 28 one cannot rule out the possibility that this non-autograph source contains errors or variants introduced accidentally by the copyist. The editor's correction of perceived errors in the autograph score of RV 687 has therefore been made autonomously without the aid of secondary sources.

In our present state of knowledge, it is not possible to offer any suggestions concerning the authorship of the poetic text. Since no libretto has come down to us, the only source for the literary text is found in the words underlaid to the notes in the autograph score of the serenata.

THE MUSIC

The Serenata RV 687 contains a total of twenty-two movements: eleven are recitatives, nine are solo arias and two are *arie a due*. In contrast to *La Senna festeggiante*, which makes much use of accompanied recitative, all the stanzas in *versi sciolti* contained in RV 687 are set without any instrumental accompaniment other than that provided by the basso continuo. The option for simple recitative alone probably arose from the factor of haste and from the particular conditions under which the composer was working rather than from any intrinsically musical considerations.

Taken as a whole, this is a more 'neutral' mode of declamation than that employed in opera of the same period. Indeed, in his operatic scores Vivaldi sets his own simple recitatives in conformity with the two styles that the German theorist Friedrich Wilhelm Marpurg terms "historical" ("historisch") and "pathetic" ("pathetisch"), with a clear preference shown for the second:

> Die Zeit der Länge, die jeder Harmonie zukömmt, wird überhaupt durch die Regeln der Interpunction, besonders im historischen Recitativ; zugleich aber durch das Steigen und Fallen der Affekte im pathetischen Recitative bestimmt.[16]

What distinguished the two types of declamation was in their use of a few specific stylemes, such as, in the second of them, the very strong presence of dissonant harmonies (in particular, the chord of the diminished seventh). In the theatrical practice of the time both styles in reality became mixed within the same recitative, which could migrate from the historical to the pathetic (and vice versa) in response to changes in the poetic text set. The brevity of the text for the Serenata RV 687 and the almost total lack of contrasts or changes of emotional temperature caused Vivaldi to use almost exclusively the first stylistic type, without, however, renouncing certain distinctive characteristics of his operatic recitatives. One of the most blatant of these concerns the segmentation of the text in relation to its metrical and prosodic properties. As a rule, only seven-syllable lines (*settenari*) run continuously, whereas eleven-syllable ones (*endecasillabi*) are very often broken at the point of the poetic caesura (or even between

14 PETER RYOM, *Antonio Vivaldi: Thematisch-systematisches Verzeichnis seiner Werke (RV)*, Wiesbaden – Leipzig – Paris, Breitkopf & Härtel, 2007, p. 340.

15 For more on the sources, see the critical edition of the full score (P.R. 1431).

16 FRIEDRICH WILHELM MARPURG, *Kritische Briefe über die Tonkunst*, vol. 2, Berlin, Birnstiel, 1763, p. 263.

smaller syntactic units). The result is a very finely articulated musical setting, but one that does not necessarily conform to the internal articulations of the poetic text. Another feature shared by Vivaldi's operatic declamation and the recitatives in RV 687 is the elliptical progress of the continuo line, which not infrequently moves in zigzags, seeking to avoid root positions as much as possible, thereby confirming that Vivaldi's compositional practice here takes its cue predominantly from melody.

On the other hand, even if the *mise en scène* of a serenata could include the use of sometimes very elaborate costumes and stage machinery, the singers—in contrast to what went on in theatres—performed in a seated position, holding their own part in their hands. This absence of action on stage was another aspect, probably the decisive one, that induced Vivaldi to privilege a type of recitative that was more 'functional' than 'expressive'. Its main purpose within the general scheme of the work was indeed to prepare for, and link together, the closed musical numbers. Apart from carefully planning the series of modulations within each recitative and the relationship between the key of an aria and that of the cadence ending the preparatory recitative, the composer made use of other ways to ensure the musical coherence of his own recitatives. One of the most effective was to organize the series of individually shaped and substantially athematic melodic formulas around a kind of 'reciting note'—in other words, a fixed, recurrent pitch that—especially in shorter recitatives—is a note common to all the keys that the movement visits.

EXAMPLE 1. Recitative, *Dall'eccelsa mia reggia.*

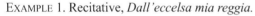

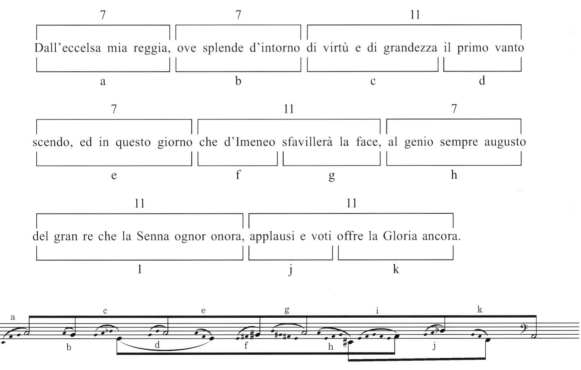

All the solo numbers are cast in the traditional form of the grand *Da Capo* aria ($r^1S^1r^2S^2r^3$–S^3–$r^1S^1r^2S^2r^3$). This apparent uniformity is deceptive, however, since within its bounds all manner of choices and formal solutions were possible, starting with the specific configuration of the opening instrumental ritornellos. Most of these, their length varying between seven and twenty-two bars, exhibit the classic, tripartite design known as the *Fortspinnungstypus*: a preface (*Vordersatz*), wherein a large part of the motivic material used later is found, followed by a central, developmental component (*Fortspinnung*), commonly consisting of a chain of sequences, which is concluded with a cadential phrase (*Nachsatz*) that often paraphrases the musical content of the preface (Examples 2a and 2b, p. XXVIII). In some instances the central, *Fortspinnung* element and the concluding *Nachsatz* are fused (Example 3a, p. XXVIII) or are even absent (Example 3b, p. XXVIII), their place taken by a binary structure.

EXAMPLE 2A. Aria, *Alle amene, fresche arene*, bars 1–8.

EXAMPLE 2B. Aria, *Tenero fanciulletto*, bars 1–17.

EXAMPLE 3A. Aria, *Questo nodo e questo strale*, bars 1–17.

EXAMPLE 3B. Aria, *Care pupille*, bars 1–16.

The connection running through the structural units of the ritornello can be of the 'additive' type (two instances), where these are juxtaposed and relatively independent elements, or else of the 'generative' type (seven instances), where all or most of the musical material derives from the preface. The textures, in contrast, are as varied as can be: the most common option (four instances) involves a melodic line entrusted to the upper strings and a homorhythmic accompaniment provided by the lower strings, while slightly less often (three instances) we find the motivic material introduced in imitation; in a minority of cases, all the parts proceed in unison with the bass, which doubles them in the lower octave (two instances).

The tonal trajectory of each aria, summarized in Table 1, provides the essential information on the compositional strategies adopted by Vivaldi.

TABLE 1.

incipit	*Alle amene, franche arene*					
function	r^1	S^1	r^2	S^2	r^3	S^3
bars	1–8	8–14	14–16	16–26	26–30	30–38
key	I	I→V	V	V→I	I	vi→(IV)→ii
	Tenero fanciulletto					
	1–17	18–35	35–42	42–77	77–89	89–124
	i→III	//i→III	III	III→i	i	III→v
	Questo nodo e questo strale					
	1–16	17–48	48–55	56–87	87–95	96–118
	i	i→III	III→i	i	i	v
	Scherzeran sempre d'intorno					
	1–8	8–20	20–23	23–39	40–44	45–58
	i	i→III	III	III→i	i	III→iv
	Godi pur ch'il caro sposo					
	1–7	8–20	20	21–38	38–44	44–54
	I→V	I→V	V	I	I	vi→(ii)→iii
	Care pupille					
	1–16	17–39	40–44	45–75	75–88	89–107
	i	i//III	//i	i	i	III→iv
	Al seren d'amica calma					
	1–22	23–44	45–48	49–76	77–92	93–112
	I→iii	//I→iii	//I	I	I	vi→(iii)→ii
	Se ingrata nube					
	1–11	11–25	25–30	31–58	59–67	67–92
	I	I→V	I	I	I	vi→III
	Ognor colmi d'estrema dolcezza					
	1–14	14–38	38–44	44–77	77–92	92–117
	I	I→V	I	I	I	vi→ii

NOTES

Major keys are shown with capital roman numerals, minor keys with lower-case roman numerals; the symbol → stands for a modulation confirmed by a perfect cadence (if the figure is bracketed, the reference is to an internal modulation); the symbol // stands for a change of key achieved via a tonal hiatus.

As a rule, the initial ritornello (r^1) and the final one (r^3) are solidly anchored in the home key, even though there are a few instances of modulating orchestral introductions. The most unstable area of the A section, conversely, is located in the first solo period (S^1). In major-key arias the foreign key visited is the dominant (in one single case, the mediant minor), while in minor keys the mediant (relative) major is the automatic choice. Although brief (on one occasion it is actually deleted and replaced by an instrumental cadenza), the intermediate ritornello (r^2) holds a crucial importance by virtue of determining the tonal course of the rest of the movement. That is, it can either confirm the key reached at the end of the preceding solo episode (four instances), thereby deferring the return to the concluding tonic to the second vocal period (S^2), or it can anticipate the return (five instances), with the effect of skewing the overall balance of the aria towards the home key. The most commonly adopted solution, however, is to return to the tonic at the opening (or, sometimes, at the end) of the intermediate instrumental ritornello. This transition can occur either in an extremely fluid manner, when the vocal episode immediately before ends on the dominant note, or in a more clear-cut manner, via a tonal hiatus. It is interesting to observe how the arias in which the return to the tonic takes place at the end of a modulating second vocal period are concentrated in the first half of the serenata, whereas those in which the majority of the A section remains in the home key are mostly located in the second half of the work. The perception that Vivaldi did not choose arbitrarily between the structural options available to him is deepened by the strong similarity of the tonal trajectories adopted in the last two pairs of arias, where the return to the tonic occurs—respectively— by means of the technique of hiatus and via the strength of the force of attraction exerted by the tonic on the dominant. The B section of each movement is without any shadow of doubt the most elaborate in tonal respects. In major-key arias the setting of the second semistrophe of the poetic text invariably begins in the relative minor; in minor keys the usual choice is the relative major (the sole exception occurs in the aria *Questo nodo e questo strale*, whose B section opens in the dominant minor, moreover without modulation). A third of the movements feature a further modulation to a secondary key, confirmed by a perfect cadence. In such cases, the choice of new key visited is very varied, while as regards the concluding modulation, there is a certain tendency to end arias in major keys (disregarding the *Da Capo* repetition) in the supertonic minor (three cases out of five) and those in minor keys in the subdominant (two cases out of four).

The motivic integration of the structural units making up the aria is even more sophisticated and takes place on three complementary levels: (1) the relationship between the musical content of the introductory, intermediate and final instrumental ritornellos, (2) that between the settings of the first and second semistrophes of the poetic test, and, lastly, (3) between the vocal periods and the orchestral ritornellos.[17] The motivic material of the opening ritornello, from which a large part of the one following derives, may possess melodic, rhythmic and registral characteristics peculiar to the instrumental, and in particular the violinistic, idiom, or else it may be conceived right from the beginning in the image of the particular metrical and prosodic characteristics of the poetic text set (granted that this distinction may become more nuanced in actual compositional practice). In the second case, illustrated by the aria *Al seren d'amica calma*, the mutual assimilation of the two languages can proceed up to the point of conditioning the whole structure of the movement (Table 2).

TABLE 2.

FUNCTION	r^1	S^1	r^2	S^2	r^3	S^3
BARS	1–22	23–44	45–48	49–76	77–92	93–112
MOTIVES	abcdeb$_1$	abcdeb$_1$	a$_1$b	ab<da>fb$_2$d$_1$b$_2$	abfb$_2$d$_1$b$_2$d$_1$	gb$_3$<gd$_2$>g$_1$<gb$_3$>g$_2$

NOTES
Subscript numerals show the derivation of one motive from another; figures enclosed in angle brackets indicate a motive obtained by combining elements taken from two different motives.

17 TALBOT – EVERETT, *Homage to a French King*, cit., p. XLVIII.

The text of the first semistrophe of the aria consists of a four-syllable line (*quadrisillabo*) sandwiched between two eight-syllable lines (*ottonari*). Since the first vocal period (S^1) reproduces, note for note, the content of the opening ritornello (r^1), Vivaldi was forced to modify its structure, intercalating a brief, digressive element (c, bars 7–10) between the preface (ab, bars 1–6) and the *Fortspinnung* (de, bars 11–18), before the modulating cadential phrase (b_1, bars 18–22). In the first vocal period the digression is actually utilized for the setting of the internal, four-syllable line. The brief intermediate (r^2) is a restatement—lightly modified—of the opening of the *Vordersatz*, which becomes the equivalent of a genuine motto. The second vocal period (S^2) likewise takes up the opening of the initial ritornello, except that it continues by ingeniously combining elements drawn from the motto or its *Fortspinnung* with altogether new thematic ideas. These new elements also flow into the third and last instrumental ritornello (r^3), which differs more than its predecessor from the opening ritornello by virtue of having to close the A section of the aria in the home key. In the B section (S^3) the new motives are, all in all, very slight, seeing that the two periods constituting the setting of the second semistrophe mostly paraphrase the musical content of the A section.

In the arias that employ a type of instrumental writing of strongly idiomatic character, such as *Alle amene, franche arene*, the presentation and elaboration of motivic material demands the presence of two complementary structural planes: one for the ritornellos and the other for the vocal periods. The *Vordersatz* of the introductory ritornello contains three contrasted elements: a syncopated arpeggio employing repeated notes based on tonic and dominant, a pair of demisemiquaver *tirades* and a brief cadential close. The central, *Fortspinnung* segment is characterized by the pervasive use of the so-called 'Lombardic rhythm' (or 'Scotch snap'), while the *Nachsatz* paraphrases the elements found earlier in the preface. The two succeeding ritornellos reproduce in miniature the course of the first one, although the first of these lacks the central, *Fortspinnung*, segment. In contrast, the vocal periods all begin with a cantabile motive whose arched profile spans the interval of a fifth (less commonly, a fourth or a sixth) and which moves predominantly in conjunct steps. The sole integrative element linking the two structural planes is the use, in the long melismas performed by the singer in illustration of the aria's keywords ("affetto" e "fedel"), of motivic material derived from the ritornello, such as the syncopated rhythmic cells and the sequential chains in Lombardic rhythm.

The aria in which the interchange of motivic material between the instrumental ritornellos and the vocal periods is most intense is undoubtedly *Ognor colmi d'estrema dolcezza*. One of the properties of its opening ritornello, whose motives are uniformly treated in imitative manner, is the plurality of functions assigned to the viola part. This instrument initially takes part in dialogue with the violins, but then joins forces with the bass in the provision of the accompaniment, liberating itself when the latter sustains the long dominant pedal before the final cadence, which is introduced by a chromatic descending motive and concludes with a homorhythmic, two-voice texture (the first voice entrusted to the upper strings and the second to the lower strings). On the whole, the vocal part—which always doubles the first violin (an octave lower) or the viola (at pitch)—seems to be forcibly subordinated a little to a self-sufficient contrapuntal instrumental texture, as occurs in certain arias in Vivaldi operas composed at the end of the 1710s. One of the most far-reaching consequences of this *modus operandi* is the weakening of the correspondence between the verbal and musical elements: in other words, the text itself may become associated with different motives, or the same motive may serve for the setting of different lines.

The structure of the aria, outlined schematically in Table 3, shows how the gradual introduction of new motives, starting from the second vocal period, is counterbalanced by the cyclic recurrence of the earlier ones, either in their original guise or in modified form.

TABLE 3.

FUNCTION	r^1	S^1	r^2	S^2	r^3	S^3
BARS	1–22	23–44	45–48	49–76	77–92	93–112
MOTIVES	abc	aac_1b_1	a	$dd_1eb_1c_1f$	af	$a_1c_2c_3g$

Finally, the two movements for paired voices, *Vedrò sempre la pace* and *In braccio de' contenti*, adopt two rather different formal solutions. Whereas the second reproduces the *Da Capo* form of the solo arias, the first is in binary form with repeats, preceded by an instrumental introduction whose content is entirely derived from the initial motive (bars 1–10, aa$_1$; i→V; bars 11–20, aa$_1$; i→V; bars 21–29, a$_2$a$_3$, →iv→VI// i).

In both movements the vocal writing is very conventional in that the interaction between the two solo singers relies exclusively on simple clichés: homorhythmic openings in which the two voices move mostly in parallel thirds or sixths; a possible development phase comprising a tonal sequence featuring the device of imitation (coincident with the words that express the conceit or dominant *affetto* of the aria); some brief passages in free counterpoint concentrated especially in the approach to the final cadence. All in all, this was routine-bound music, so much so that Vivaldi did not hesitate to reuse the first duet movement of RV 687, *Vedrò sempre la pace*, in the score of *La Senna festeggiante*, which was probably composed for the same patron and the same audience only a few months later, in contrast to which the recycling of his earlier operatic music was carefully planned.

IL TESTO / THE TEXT

GLORIA
Dall'eccelsa mia reggia,
ove splende d'intorno
di virtù e di grandezza il primo vanto
scendo, ed in questo giorno
che d'Imeneo sfavillerà la face,   5
al genio sempre augusto
del gran re che la Senna ognor onora,
applausi e voti offre la Gloria ancora.

　Alle amene, franche arene,
o gran re vien la tua sposa,   10
tutta affetto e tutta fé.
　Vedrò ben, con piacer mio,
se pur bello è quel desio
che per me sarà fedel.

IMENEO
O del polono cielo   15
beltà più rara e grande,
vieni, acconsenti e vogli ch'io ti vegga
col gran Luigi a casto nodo avvinta;
al talamo reale io ti son guida,
egli lieto t'attende: 20
già all'amor tuo anch'il suo amor si rende.

　Tenero fanciulletto,
ardere fa' la face:
al regio cor, diletto
porgi col tuo splendor.   25
　Se per te costante e forte,
con soave e dolce aspetto,
fausta rendi l'alta sorte
e in sembiante omai sereno,
di contento e gioia pieno,   30
nutri, veglia un dolce ardor.

GLORIA
E voi, Grazie ed Amori,
intessete di fiori
odorose ghirlande,
e il letto nuziale   35
meco spargendo andate.

IMENEO
Quanto avran più di pregio
questi augusti sponsali
se per pronuba ancor hanno la Gloria.

GLORIA
O avventurosa coppia,   40
di già scelta dal Fato
a render me più illustre e te felice,
quanto darti può mai di lieti influssi
ogni benigna stella
per me ti sia concesso,   45
e il mondo con stupor in te ciò veda.

　Questo nodo e questo strale,
già ch'aprì piaga vitale
non potrà più paventar.
　Per quel genio e per quel core,   50
egual spirto, egual valore
si prepara a trionfar.

IMENEO
Dell'inclita regina
al dolce sguardo il ciel, la terra, il mare
applaudono giulivi;   55
scorron di melle i rivi,
fioriti i prati, e di più chiara luce
splendon il sol, le stelle, e in ogni riva
sol risente d'Amor voce giuliva.

　Scherzeran sempre d'intorno   60
festosetti gl'amoretti,
e in pudico, regio petto
arderà la fiamma bella.
　E di nuova industria adorno,
semplicetto e molle affetto   65
si vedrà con sua facella.

GLORIA
Impaziente il desio
attende la sua gioia
per il soave, indissolubil nodo.
O propizio momento   70
per cui l'augusta sposa
spera appien di goder del suo contento.

IMENEO
Del luminoso ciglio,
più che da me, vengon sì cari nodi.

GLORIA
S'uniscano mai sempre,   75
e sien i casti affetti
delle più forti, adamantine tempre.

   Godi pur ch'il caro sposo,
già fastoso,
sempre fido t'amerà.   80
   E mirando il vago viso,
tutto riso,
in lui sol si specchierà.

IMENEO
Al vezzo, al guardo, al brio
s'accenderan più sempre   85
nel regio sen l'amabili faville.

GLORIA
Elitropio amoroso, a que' bei rai
forza acquista l'affetto.

IMENEO
Parmi già udir lo sposo,
che fisso in que' begl'occhi sì lucenti   90
vada sciogliendo il labbro in questi accenti.

   Care pupille,
tra mille e mille
degne voi siete
sol di regnar.   95
   Come vi piace,
con egual face
Amor e regno
vedrò brillar.

GLORIA
Da innesto così augusto   100
formar vedransi alti rampolli, a' quali
Fortuna cederà. Già nel volume
del Fato stan descritte
le gesta, le virtù, l'alte memorie,
i trionfi, l'imprese e le vittorie.   105

IMENEO
Di fortunati auspicii
secondi il sommo Giove,
che rende i re al par di lui felici.

GLORIA
De' gigli d'oro, sotto l'ombra amena
fido ricovro stassi   110
ove godesi ognor pace serena.

   Al seren d'amica calma
divien l'alma
bel trofeo d'Amore e fé.
   Splenderà più luminoso   115
quel amabile riposo
d'un amante cor mercé.

IMENEO
Già della regal pompa
stupido il mondo tutto
ammira e loda l'alta maestà.   120

GLORIA
Se il cielo fausto arride a' miei voti
mi vedran più fastosa
col sempre invitto eroe l'augusta sposa.

IMENEO
Vivan sempre beati
gl'eccelsi nodi, e come   125
io li strinsi fra loro
li raddoppino poi,
e dell'oro l'età torni fra noi.

IMENEO, GLORIA
   Vedrò sempre la pace
che tanto io bramo ognor,   130
e il ben che tanto piace
avrem per questo amor.
   Dell'innocenza cara
godrà contento il cor,
né più di sorte avara   135
si rivedrà il rigor.

IMENEO
Non turbino giammai noiose cure
sì bel riposo.

GLORIA
                Vanti
un così illustre affetto
eterna la costanza   140
ed emula la fede.

IMENEO
                Ardisce e tenta
talor Fama bugiarda
offuscar lo splendor qual vil vapore;
ma come presto nacque ei così muore.

Se ingrata nube 145
languire il sole
fa su nel cielo,
tosto fugata
splende più bello.
Se un freddo gelo 150
indura l'onda,
disciolto al fine
dall'empie brine
lambir la sponda
vedi il ruscello. 155

GLORIA
Invan potrà la Sorte
a sì belle ritorte
porger legge o comando. Argo novello
sarò nel rimirare
e dell'un e dell'altra i aviti preghi. 160
S'appaghi il lor desio,
si maturi l'impegno,
onde il mio nume ognor fassi più degno.

Ognor colmi d'estrema dolcezza,
siate al certo beati occhi miei. 165
Vagheggiando la loro bellezza,
sempre lieti mirarvi vorrei.

IMENEO
Delle regali nozze
compito il sagro ufficio,
or la Fama n'accerti il mondo tutto. 170
Con la sua tromba d'oro
formi echi ed applausi,
giubili ognun con lieti suoni e danze.

GLORIA
E voi, Signor, ch'in sen dell'Adria or fate
questi degni sponsali 175
con gioia festeggiar, io ne decoro
l'alto pensier. S'accresce
a voi per questo ancor e merto e gloria;
nel mio tempio scolpita
indelebil sarà questa memoria. 180

IMENEO, GLORIA
In braccio de' contenti,
godrà felice ogn'alma
più caro il suo piacer.
In sen d'amica calma,
già lieta più sfavilla 185
la face al bel goder.

ORGANICO / INSTRUMENTS

Violino I	*Violin I*
Violino II	*Violin II*
Viola	*Viola*
Basso	*Bass*

PERSONAGGI / CHARACTERS

Imeneo	soprano (Si$\flat_2$–Fa$\sharp_4$ / *b*$\flat$–*f*$\sharp''$)
Gloria	contralto (La$_2$–Mi$\flat_4$ / *a*–*e*$\flat''$)

INDICE DEI BRANI / INDEX TO INDIVIDUAL MOVEMENTS

Recitativo, *Dall'eccelsa mia reggia*	1
Aria, *Alle amene, franche arene*	2
Recitativo, *O del polono cielo*	5
Aria, *Tenero fanciulletto*	6
Recitativo, *E voi, Grazie ed Amori*	10
Aria, *Questo nodo e questo strale*	11
Recitativo, *Dell'inclita regina*	14
Aria, *Scherzeran sempre d'intorno*	14
Recitativo, *Impaziente il desio*	17
Aria, *Godi pur ch'il caro sposo*	18
Recitativo, *Al vezzo, al guardo, al brio*	21
Aria, *Care pupille*	21
Recitativo, *Da innesto così augusto*	25
Aria, *Al seren d'amica calma*	26
Recitativo, *Già della regal pompa*	29
Duetto, *Vedrò sempre la pace*	30
Recitativo, *Non turbino giammai noiose cure*	31
Aria, *Se ingrata nube*	32
Recitativo, *Invan potrà la Sorte*	35
Aria, *Ognor colmi d'estrema dolcezza*	35
Recitativo, *Delle regali nozze*	39
Duetto, *In braccio de' contenti*	40

LA GLORIA E IMENEO

RV 687

La Gloria e Imeneo

RV 687

Gloria

Dal - l'ec - cel - sa mia reg - gia, o - ve splen - de d'in-tor - no di vir - tù e di gran-dez - za il pri-mo van - to scen - do, ed in que - sto gior - no che d'I - me - ne - o sfa - vil - le - rà la fa - ce, al ge - nio sem-pre au-gu - sto del gran re che la Sen - na o-gnor o - no - ra, ap-plau-si e vo - ti of - fre la Glo - ria an-co - ra.

2

39

[*f*]

41

Da Capo [d]al Segno ♯

Imeneo

O del po-lo-no cie-lo bel-tà più ra-ra   e gran-de,

3

vie-ni,   ac-con-sen-ti   e vo-gli ch'io ti veg-ga   col gran Lu-

5

-i-gi   a ca-sto no-do_av-vin-ta;   al ta-la-mo re - a-le_io ti son gui-da,

8

e - gli lie-to t'at-ten-de: già   al-l'a-mor tu - o   an-ch'il suo_amor si ren-de.

Allegro

Te - ne-ro fan-ciul - let-to, ar - de-re fa' la fa - ce: al re - gio cor, di -

-let - - - - - - - - - - - - - -

- - - - - - - - - to por - gi col tuo splen-

141380

-gi col tuo splen - dor, al re - gio cor, di - let - - - - - - - -

- - - - - - - - - - - - - - - to por - gi col tuo splen-

- dor.

Se per te co-stan-te e for - te, con so - a - ve_e dol-ce_a - spet-to, fau-sta ren-di l'al-ta

[Fine]

10

141380

Allegro

Que - sto no - do e que - sto stra - le, e que - sto stra - le,

già ch'a - prì pia - ga vi - ta - le non po - trà più pa - ven -

-tar,

12

[Fine]

141380

14

141380

Scher - ze - ran sem-pre d'in-tor - no fe - sto-set-ti gl'a-mo - ret - ti, e_in pu-

-di - co, re - gio pet - to ar - de - rà la fiam - - - -

- - - - - - -

- ma bel - la. Scher - ze - ran sem-pre d'in-

-tor - no fe - sto - set - ti gl'a-mo-ret - ti, e_in pu-di - co, re - gio pet - to,

Ime. sua fa - cel - la, sem - pli - cet - to, mol - le, mol - le af-fet - to si ve -

Ime. -drà _____ con sua fa - cel - la.

Da Capo

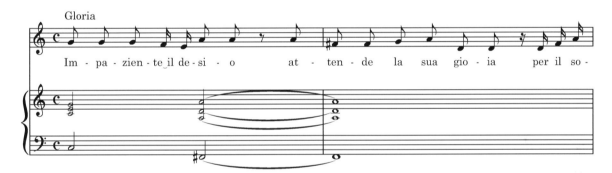

Gloria

Im - pa - zien-te il de-si - o at - ten-de la sua gio - ia per il so -

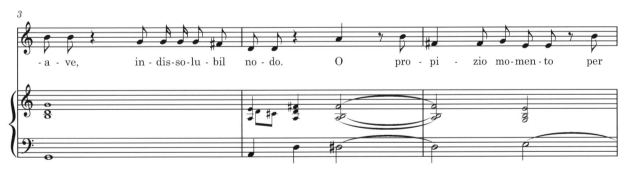

-a - ve, in - dis-so-lu-bil no - do. O pro - pi - zio mo-men-to per

Imeneo

cui l'au-gu-sta spo-sa spe-ra appien di go-der del suo con - ten-to. Del lu-mi-no-so

Allegro

fi - do t'a - me - rà,

sem - pre fi - do t'a - me - rà.

[f]

[Fine]

E mi - ran-do_il va-go vi - so, tut - to ri - so, tut-to ri - so, in lui

[p]

sol si spec - chie - rà, si spec-chie-

-rà, in lui sol si spec - chie - rà, si spec - chie-rà.

Da Capo

21

141380

24

Da Capo

141380

26

Andante molto

Al se - ren d'a - mi - ca cal-ma,_ d'a -

-mi - ca cal-ma_ di - vien l'al - ma, di - vien

ma___ bel tro - fe - - - - -

- - - - o d'A - mo - re_e fé, bel tro -

-fe - - - o d'A - mo - re_e fé.

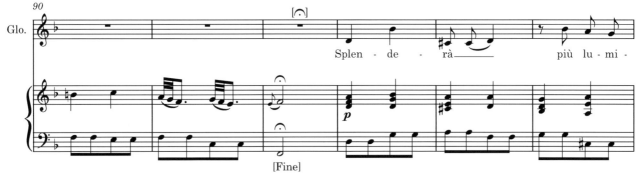

Splen - de - rà___ più lu - mi -

[Fine]

mi ve-dran più fa-sto - sa col sem-pre_in-vit-to_e - ro - e l'au-gu-sta

spo - sa. Vi - van sem-pre be - a - ti gl'ec-cel-si no - di, e co - me io li strin-si fra

lo - ro li rad-dop-pi-no po - i, e del-l'o - ro l'e - tà tor - ni fra no - i.

Allegro

Imeneo / Gloria

Ve - drò sem-pre la pa - ce, la

Ve - drò sem-pre la pa - ce, la

e - mu - la la fe - de. Ar - di - sce e ten - ta ta - lor Fa - ma bu - giar - da

of - fu - scar lo splendor qual vil va - po - re; ma co - me pre - sto nac-que ei co - sì muo - re.

Allegro

Imeneo

Ime.

Se_in-gra - ta nu - be lan - gui - re il

Ime.

so - le fa su nel cie - - - lo, to - sto fu - ga -

141380

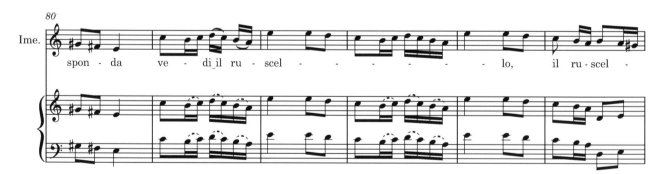

Da Capo

36

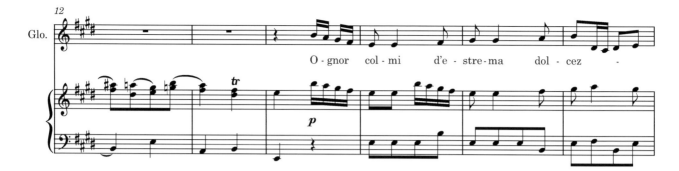

141380

37

141380

38

141380

sen del-l'A-dria_or fa-te que-sti de-gni spon-sa-li con gio-ia fe-steg-giar, io ne de-

-co-ro l'al-to pen-sier. S'ac-cre-sce a voi per que-sto_an-cor e mer-to e

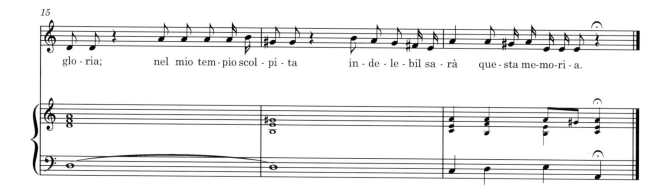

glo-ria; nel mio tem-pio scol-pi-ta in-de-le-bil sa-rà que-sta me-mo-ri-a.

Duo
Allegro

Imeneo

Gloria

[*f*]

Da Capo

APPARATO CRITICO

ABBREVIAZIONI

Bc	Basso (strumentale) / Basso continuo
GLO.	Gloria
IME.	Imeneo

ARIA *Alle amene, franche arene*

3*	Tutte le parti*	I segni caratteristici che indicano le battute da omettere nel *Da Capo*, posti in un primo momento dopo il secondo tempo delle bb. 3 e 7, sono stati cancellati allorché Vivaldi decise di scrivere per esteso – alla fine dell'aria – la ripresa scorciata del ritornello iniziale.
10-14	GLO.	Il testo sotto le note, che in un primo momento leggeva «amorosa», è stato tagliato e riscritto da Vivaldi; analogamente alle bb. 19-26.
17-18	GLO.	Vivaldi ha tagliato e riscritto il testo sotto le note, che in un primo momento leggeva «alle amene franche arene», dall'ultimo quarto di b. 17 fino al terzo quarto di b. 18.
39	Partitura	Indicazione «D[a] C[apo]» abrasa allorché Vivaldi decise di scrivere per esteso la ripresa scorciata del ritornello iniziale (bb. 39-43), alla fine dell'accollatura; indicazione «D[a] C[apo] al Segno #», aggiunta con grafia corsiva sotto il rigo del Basso.

RECITATIVO *E voi, Grazie ed Amori*

16	GLO.	«concessa» anziché «concesso».

ARIA *Questo nodo e questo strale*

29	GLO.	Note 3 e 4 con gambi separati ma congiunte da legatura.
109	GLO.	Nota 3 senza diesis.

ARIA *Scherzeran sempre d'intorno*

30	IME.	Note 7 e 8 ottavi; Vivaldi aveva omesso di copiare la nota 6, che è stata aggiunta in un secondo momento (senza però modificare il valore delle due ultime note della misura).
53	IME.	Residuo di una sillaba («af-»), tagliata, scritta per errore sotto la nota 2, probabilmente a causa di una voltata di pagina.
58	IME.	Note 2-3 con gambi separati ma congiunte da legatura.

* I numeri si riferiscono al numero di battuta del testo musicale, le abbreviazioni alla parte strumentale o vocale associata.

RECITATIVO *Impaziente il desio*

2	GLO.	La nota 9, che in un primo momento era Sol_3, è stata modificata da Vivaldi secondo l'attuale lezione.

ARIA *Godi pur ch'il caro sposo*

20	GLO.	La corona, aggiunta solo dopo che Vivaldi aveva inserito il testo sotto le note, indica che la parte vocale esegue una cadenza sostenuta dal solo basso continuo.
36	GLO.	Pausa senza punto di valore.

ARIA *Care pupille*

16	IME.	In un primo momento Vivaldi aveva incominciato a scrivere la parte una battuta prima; accortosi della svista, ha abraso la notazione originaria ripartendo dalla posizione corretta, alla successiva b. 17.
23-27	IME.	Vivaldi ha copiato la parte vocale come se si trattasse di un Tenore (la tipologia vocale dell'aria originaria, tratta dalla partitura di *Il Tigrane*), una settima minore sopra, anziché un Soprano; accortosi del *lapsus*, ha corretto le ultime cinque note della b. 27, allungandone la testa verso l'alto; stranamente, ha però omesso di fare altrettanto per quelle precedenti.
67	Tutte le parti	Corona, abrasa, sul secondo tempo della misura.

ARIA *Al seren d'amica calma*

	Partitura	L'indicazione «Un tuono più basso», aggiunta all'interno del rigo per la voce, è una modifica contingente, indotta probabilmente dalla necessità di adattare la tessitura dell'aria alle caratteristiche dell'interprete della parte vocale.
26	GLO.	Nota 3, quarto col punto (anziché ottavo puntato legato a un altro ottavo).
40	Bc	Note 1-2: in un primo momento Vivaldi aveva scritto due Re_2, poi ha modificato secondo l'attuale lezione.
52	GLO.	Gambi delle note 1-3 uniti da travatura.
80	Bc	Nota 4 Re_2.
112	GLO.	Fa_3.

RECITATIVO *Già della regal pompa*

2-4	GLO.	Vivaldi ha abraso e riscritto la notazione degli ultimi due tempi di b. 2, tutta la b. 3 (prolungando i pentagrammi alla fine dell'accollatura, per far spazio alle note inizialmente non previste) e il primo tempo di b. 4; poi, egli ha tagliato e riscritto il testo sotto la nota 5 di b. 3, omettendo però di assegnare due sillabe (e quindi due note) distinte alle vocali dello iato «maestà».

DUETTO *Vedrò sempre la pace*

| 9-10 | GLO., IME. | Indicazione «à <u>2</u>» posta a cavallo delle battute, fra i due pentagrammi destinati alle parti vocali. |

ARIA *Se ingrata nube*

| | Partitura | L'indicazione «Un tuono più alta», aggiunta sopra la prima accollatura, è una modifica contingente, indotta probabilmente dalla necessità di adattare la tessitura dell'aria alle caratteristiche dell'interprete della parte vocale; sotto il sistema. |

RECITATIVO *Invan potrà la Sorte*

| 10 | GLO. | Manca il diesis davanti alla nota 5. |

ARIA *Ognor colmi d'estrema dolcezza*

20-26	Tutte le parti	La porzione di testo musicale compresa fra il secondo tempo di b. 20 e il primo tempo di b. 26 è posta fra i segni caratteristici che ne richiedono la ripetizione; il testo per la parte vocale è stato aggiunto sotto quello originario. Nella parte del Basso, è stato necessario modificare il valore della nota 1 di b. 26 (quarto, seguito da una pausa di quarto), per collegarla con la nota 1 della successiva b. 27, dopo la voltata di pagina, che è preceduta dal segno di legatura.
30, 52	GLO.	La variante «siete» è attestata nell'autografo.
46	Partitura	Dopo questa misura è stata espunta una ulteriore battuta, già interamente notata; dal momento che il contenuto della battuta espunta è identico a quello della misura precedente, potrebbe trattarsi di un errore dittografico di copiatura.

RECITATIVO *Delle regali nozze*

2	IME.	Manca la nota 4.
3	IME.	Note 4 e 5 entrambe ottavi.
5	IME.	«farmi» anziché «formi».

CRITICAL COMMENTARY

ABBREVIATIONS

Bc	Basso (instrumental) / Basso continuo
GLO.	Gloria
IME.	Imeneo

ARIA *Alle amene, franche arene*

3*	All parts*	The special signs showing the bars to leave out in the *Da Capo*, originally placed after the second beat of bars 3 and 7, were struck out when Vivaldi decided to write out in full – at the end of the aria – the shortened version of the opening ritornello.
10–14	GLO.	The underlaid text, which originally read "amorosa", was deleted and rewritten by Vivaldi; similarly in bars 19–26.
17–18	GLO.	Vivaldi deleted and rewrote the underlaid text, which originally read "alle amene franche arene", from the last beat of bar 17 to the third beat of bar 18.
39	Score	Direction "D[a] C[apo]", scratched out when Vivaldi decided to write out in full the shortened repeat of the opening ritornello (bars 39–43) at the end of the system; direction "D[a] C[apo] al Segno #" added in cursive handwriting below the Basso staff.

RECITATIVE *E voi, Grazie ed Amori*

16	GLO.	"concessa" instead of "concesso".

ARIA *Questo nodo e questo strale*

29	GLO.	Notes 3 and 4 separately flagged but slurred.
109	GLO.	Note 3 without sharp.

ARIA *Scherzeran sempre d'intorno*

30	IME.	Notes 7 and 8 quavers; Vivaldi initially forgot to copy note 6, which was added later (without, however, altering the value of the last two notes in the bar).
53	IME.	The remains of a deleted syllable ("af-"), written by mistake under note 2, are visible; the probable cause was a page turn.
58	IME.	Notes 2 and 3 separately flagged but slurred.

* The numbers refer to bar numbers in the musical text, the abbreviations following them to the associated instrumental or vocal part.

48

RECITATIVE *Impaziente il desio*

| 2 | GLO. | Note 9, originally *g′*, was altered by Vivaldi to the present reading. |

ARIA *Godi pur ch'il caro sposo*

| 20 | GLO. | The fermata, added only after Vivaldi had underlaid the text, directs the singer to perform a cadenza supported only by the basso continuo. |
| 36 | GLO. | Rest without dot. |

ARIA *Care pupille*

16	IME.	Vivaldi originally began the part one bar earlier; noticing his mistake, he scratched out what he had written, starting again, this time correctly, in bar 17.
23–27	IME.	Vivaldi copied the vocal part as if it had been for Tenor (the type of voice used in the original aria, taken from the score of *Il Tigrane*), a minor seventh higher, rather than for Soprano; noticing his slip, he corrected the last five notes in bar 27 by extending their note-heads upwards; strangely, however, he omitted to do the same for the preceding notes.
67	All parts	Fermata, scratched out, on the second beat of the bar.

ARIA *Al seren d'amica calma*

	Score	The direction "Un tuono più basso", written over the vocal staff, is a contingent change that probably arose from a need to adapt the tessitura of the aria to the characteristics of the singer's voice.
26	GLO.	Note 3 dotted crotchet (rather than dotted quaver tied to another quaver).
40	Bc	Notes 1–2: Vivaldi originally wrote both of these notes as *d* before altering them to their present reading.
52	GLO.	Notes 1–3 beamed together.
80	Bc	Note 4 *d*.
112	GLO.	*f′*.

RECITATIVE *Già della regal pompa*

| 2–4 | GLO. | Vivaldi scratched out, and rewrote the notation of, the last two beats of bar 2, the whole of bar 3 (extending the staves at the end of the system to create room for the notes not originally envisaged) and the first beat of bar 4; he then removed and rewrote the text underlaid to note 5 of bar 3, forgetting, however, to assign two separate syllables (hence two separate notes) to the pair of vowels in the first syllable of "maestà", which correct prosody, applying the device known as hiatus (*iato*), would require. |

DUETTO *Vedrò sempre la pace*

| 9–10 | GLO., IME. | The instruction "à 2", placed between the two vocal staves, straddles the barline separating these two bars. |

ARIA *Se ingrata nube*

	Score	The direction "Un tuono più alta", added below the opening system, is a contingent alteration that probably arose from a need to adapt the tessitura of the aria to the characteristics of the singer's voice.

RECITATIVE *Invan potrà la Sorte*

10	GLO.	Note 5 without sharp.

ARIA *Ognor colmi d'estrema dolcezza*

20–26	All parts	The portion of musical text running from the second beat of bar 20 up to the first beat of bar 26 is framed by characteristic signs that indicate its repetition; the underlaid text for the vocal part has been added below the original one. In the Basso part it has been found necessary to alter the value of note 1 in bar 26 (crotchet, followed by a crotchet rest) in order to link it to note 1 of the following bar, bar 27, which follows a page turn and is preceded by a tie.
30, 52	GLO.	The reading "siete" is autograph.
46	Score	Following this bar a further bar, completely written out, has been deleted; from the fact that the content of the deleted bar is identical to that of the preceding one one suspects a simple copying error.

RECITATIVE *Delle regali nozze*

2	IME.	Note 4 missing.
3	IME.	Notes 4 and 5 both quavers.
5	IME.	"farmi" instead of "formi".